Pradeep Paraman
Kong Xiang Ming

Heterogeneidade dos valores da equipa empresarial: a inovação no arranque

Pradeep Paraman
Kong Xiang Ming

Heterogeneidade dos valores da equipa empresarial: a inovação no arranque

Explorando os principais factores de motivação e de sucesso para as empresas emergentes

ScienciaScripts

Imprint

Any brand names and product names mentioned in this book are subject to trademark, brand or patent protection and are trademarks or registered trademarks of their respective holders. The use of brand names, product names, common names, trade names, product descriptions etc. even without a particular marking in this work is in no way to be construed to mean that such names may be regarded as unrestricted in respect of trademark and brand protection legislation and could thus be used by anyone.

Cover image: www.ingimage.com

This book is a translation from the original published under ISBN 978-620-8-22467-7.

Publisher:
Sciencia Scripts
is a trademark of
Dodo Books Indian Ocean Ltd. and OmniScriptum S.R.L publishing group

120 High Road, East Finchley, London, N2 9ED, United Kingdom
Str. Armeneasca 28/1, office 1, Chisinau MD-2012, Republic of Moldova, Europe
Printed at: see last page
ISBN: 978-620-8-30138-5

HETEROGENEIDADE DOS VALORES DAS EQUIPAS EMPREENDEDORAS, INVESTIGANDO A RELAÇÃO ENTRE O PATCHWORK EMPRESARIAL E O DESEMPENHO INOVADOR DAS EMPRESAS EM FASE DE ARRANQUE.

RESUMO EXECUTIVO

No domínio do desenvolvimento social e económico, o espírito empresarial é um tema quente. Embora o crescimento de empresas empreendedoras possa oferecer vitalidade económica à sociedade e impulsionar o desenvolvimento económico local, o declínio das empresas empreendedoras resultará no desperdício de recursos e no desemprego de um grande número de indivíduos. Várias barreiras internas e externas estão a inibir o crescimento das empresas em fase de arranque, com uma elevada taxa de insucesso entre as que se aventuram no domínio empresarial. Melhorar o seu desempenho e viabilidade tornou-se um tópico que os académicos se esforçam por abordar através da investigação, para além das empresas.

De um ponto de vista teórico, este estudo adere à corrente principal da investigação sobre a heterogeneidade profunda, investiga a relação entre a heterogeneidade de valores e o desempenho inovador das start-ups utilizando métodos quantitativos e exprime as suas próprias perspectivas sobre a natureza bilateral da investigação atual. Como bónus adicional, este artigo baseia-se em investigações anteriores, incorporando variáveis situacionais de segurança psicológica da equipa e realizando uma análise aprofundada do mecanismo interno existente entre a heterogeneidade dos valores da equipa empreendedora e o desempenho inovador das start-ups, utilizando o modelo entre as quatro variáveis. A fim de estimular a vitalidade das equipas empreendedoras e melhorar a taxa de inventário das equipas empreendedoras, as empresas devem prestar muita atenção à formação de equipas empreendedoras, ao desenvolvimento de capacidades de trabalho em equipa, ao estabelecimento de um ambiente de trabalho seguro e à promoção da comunicação e da cooperação entre os membros da equipa.

ÍNDICE

CAPÍTULO 1
INTRODUÇÃO

1.1 Introdução

Com base nos resultados da investigação sobre equipas empreendedoras, este artigo conclui que a investigação sobre caraterísticas profundas é a direção atual da investigação, e que existem duas interpretações diferentes da investigação existente sobre a relação entre a heterogeneidade de valor e o desempenho das start-ups (Savchuk e Dziuba, 2020). De acordo com os autores deste artigo, ao restringir o foco da investigação à heterogeneidade de valor, este tópico pode ser mais explorado. Esta investigação estuda as caraterísticas das start-ups, tendo em conta que a heterogeneidade e o desempenho não têm uma relação linear ponto a ponto. De acordo com os resultados, as empresas jovens e inexperientes debatem-se frequentemente com dificuldades para assegurar recursos críticos como dinheiro, capital social e competência técnica. A improvisação empresarial pode desempenhar um papel crucial no apoio a estas empresas durante este processo.

Por um lado, a heterogeneidade da equipa influencia a capacidade das empresas para gerir os desafios em matéria de recursos e aumentar o desempenho; por outro lado, o patchwork empresarial pode ser útil a este respeito. Consequentemente, o presente documento procura, entre outras coisas, introduzir o patchwork empresarial como uma variável intermédia para analisar a relação entre a heterogeneidade de valores e o desempenho da inovação das empresas em fase de arranque, na perspetiva da teoria da identidade social e da teoria do patchwork empresarial. É também incluída uma componente moderadora, a segurança psicológica da equipa, bem como a abertura da "caixa negra" da heterogeneidade de valores, que tem um efeito no mecanismo de desempenho inovador das start-ups que apresentam este comportamento e funcionam neste meio ambiente.

Devido ao clima desafiante em que as empresas em fase de arranque operam, bem como à falta de legitimidade e reconhecimento no processo operacional, são frequentemente necessárias equipas variadas para interagir e lidar com situações de emergência. Consequentemente, é necessário um ambiente psicologicamente confortável durante todo este processo para reduzir os custos de comunicação e aumentar a eficiência e a eficácia da resolução de problemas. Este estudo acrescenta a segurança psicológica da equipa como uma variável reguladora no estudo para avaliar a forma como a segurança psicológica da equipa reage ao processo de heterogeneidade de valores com impacto no desempenho da inovação: O Patchwork empresarial e o desempenho de inovação das start-ups são afectados negativamente, em primeiro lugar, como resultado da heterogeneidade de valores da equipa empresarial; em segundo lugar, o Patchwork empresarial tem um impacto positivo no desempenho de inovação das start-ups; e em terceiro lugar, o Patchwork empresarial serve como intermediário no processo de heterogeneidade de valores e no desempenho de inovação das start-ups. Em quarto lugar, a estabilidade psicológica da equipa funciona como um amortecedor entre o patchwork empresarial da organização e a variedade de valores.

1.2 Antecedentes da investigação

O Global Entrepreneurship Watch publicou informações sobre o empreendedorismo na China de 2016 a 2020, demonstrando que a política de empreendedorismo do país tem um apoio generalizado, o que conduziu a um índice de ambiente de empreendedorismo nacional relativamente elevado (ver gráfico abaixo). Os dados verticais observaram o rápido crescimento da economia chinesa nos últimos anos, em resultado das políticas duplas de regulamentação governamental e de abertura do mercado ao mercado internacional. A pontuação da atividade empresarial inicial da China é de aproximadamente 10%, o que a coloca no meio de todas as economias examinadas, e é um país com um elevado grau de atividade empresarial. A taxa total de insucesso empresarial da China diminuiu drasticamente ao longo do tempo. No entanto, a taxa total de insucesso dos empresários chineses é elevada, o que contribui para o problema de os empresários terem uma baixa autoestima e um medo considerável do insucesso. Consequentemente, dado o elevado número de empresários chineses, devemos envidar todos os esforços para melhorar a qualidade global do espírito empresarial do país.

A investigação empresarial é um processo no qual os académicos investigam vários modos de funcionamento que estão na base dos fenómenos empresariais a partir de várias perspectivas. Este estudo examina o modelo de processo empresarial de Timmons, que inclui equipas empresariais, recursos e oportunidades, à luz do desafio de como as equipas empresariais afectam o desempenho. O modelo é constituído pelos seguintes elementos: Para serem bem sucedidas, as empresas em fase de arranque devem criar equipas empresariais fortes. Só com recursos suficientes serão capazes de capitalizar as oportunidades empresariais actuais e melhorar o desempenho das suas empresas. De acordo com as conclusões da leitura e análise da literatura atual sobre equipas empreendedoras, uma grande equipa empreendedora deve manter os mesmos e diferentes traços dos membros da equipa em certos aspectos, mantendo as mesmas caraterísticas noutros (Hryvkivska et al., 2021). Os investigadores exploram e avaliam as diferentes competências industriais, os recursos de conhecimento, os laços de rede e os valores pessoais dos membros da equipa. De acordo com as conclusões do estudo, quando confrontados com um ambiente complicado, é provável que a consciência e as estratégias de resolução de problemas de um membro da equipa sejam diferentes. Por outro lado, quando confrontados com um ambiente complicado, é provável que os valores, os conhecimentos e as competências, a informação e a experiência dos membros da equipa sejam diferentes (Danilin et al., 2018). Por outro lado, as empresas podem ter maior acesso a novas ideias e soluções bem-sucedidas, e os membros da equipa podem ganhar mais experiência, o que pode ajudar os trabalhadores a sentirem-se mais empenhados no seu empregador. Este ponto de vista integra princípios como a teoria da informação para a tomada de decisões, a teoria baseada em recursos, entre outros.

No entanto, ao avaliar a condição psicológica dos membros da equipa, a heterogeneidade de valores, atitudes e outras caraterísticas entre os membros pode resultar em alienação psicológica entre os membros da equipa (Wang et al., 2020). De acordo com a teoria da identidade social e a teoria da atração por semelhança, a variedade não só proporciona a oportunidade de desenvolvimento, como também aumenta a complexidade interna da organização. Este ponto de vista é reforçado pela teoria da identidade social e pela teoria da atração por semelhança, e podemos ver que a heterogeneidade não só proporciona a oportunidade de desenvolvimento, como também aumenta a complexidade interna da organização. Então, como é que a heterogeneidade de valores afecta o desempenho? Com base nos resultados deste estudo, conclui-se que, quando o conceito de valores é confuso e difícil de apreender, clarificar e aperfeiçoar a heterogeneidade de valores é uma opção possível a considerar.

A leitura e a análise da literatura sobre os recursos das empresas em fase de arranque revelam que, devido à inexperiência dos seus licenciados, as empresas em fase de arranque enfrentam normalmente uma escassez de recursos como capital, capital social e competência técnica, o que pode resultar no colapso do empreendimento. Como é que as empresas em fase de arranque tomam decisões face a oportunidades empresariais quando têm recursos limitados e empregados inexperientes? Os investigadores identificaram três mentalidades que podem ser classificadas da seguinte forma: procurar recursos, remediar recursos e evitar oportunidades.

Quando ponderadas as perdas resultantes do facto de se deixar passar oportunidades e as enormes despesas envolvidas na procura de recursos, a integração e a exploração de recursos limitados fornecem uma perspetiva única para as empresas emergentes que pretendem resolver o dilema dos recursos.

Este comportamento, que é semelhante ao anterior, fornece um novo paradigma para a investigação sobre a heterogeneidade dos valores e o desempenho das empresas em fase de arranque. Os vários valores da equipa empresarial têm efeitos variáveis no comportamento de patchwork empresarial, e os diversos comportamentos de patchwork acabarão por ter um impacto no desempenho. Um número substancial de várias equipas empreendedoras resulta na seleção e aplicação de um comportamento de patchwork empresarial, que é também uma componente importante no desenvolvimento do desempenho criativo. Este estudo investiga a associação entre a heterogeneidade de valores e o desempenho inovador das equipas neste ambiente, utilizando o patchwork empresarial como variável intermediária.

1.3 Declaração do problema

De acordo com a literatura sobre os recursos das empresas em fase de arranque, estas deparam-se normalmente com uma falta de recursos como o financiamento, o capital social e os conhecimentos técnicos, o que pode resultar no fracasso do esforço empresarial. Como é que as empresas em fase de arranque fazem julgamentos face a oportunidades empresariais quando têm recursos limitados e empregados inexperientes? Alguns académicos delinearam três mentalidades: procurar recursos, remendar recursos e evitar oportunidades (Gonzalez et al., 2020). Quando comparadas com as perdas resultantes do facto de se deixar passar oportunidades e com as enormes despesas envolvidas na procura de recursos, a integração e a exploração de recursos limitados proporcionam uma visão única para as empresas emergentes que pretendem resolver o dilema dos recursos.

Este comportamento, que é semelhante ao anterior, fornece um novo paradigma para a investigação sobre a heterogeneidade dos valores e o desempenho das empresas em fase de arranque. Os vários valores da equipa empresarial têm efeitos variáveis no comportamento de patchwork empresarial, e os diversos comportamentos de patchwork acabarão por ter um impacto no desempenho. Um número substancial de várias equipas empreendedoras resulta na seleção e aplicação de um comportamento de patchwork empresarial, que é também uma componente importante no desenvolvimento do desempenho criativo. Esta pesquisa investiga a associação entre a heterogeneidade de valores e o desempenho inovador da equipa neste ambiente, utilizando o patchwork empresarial como variável intermediária. É um tema central no estudo atual das equipas empreendedoras que as caraterísticas profundas das equipas empreendedoras têm um impacto no desempenho. O âmbito desta investigação sobre equipas empresariais inclui um certo número de valores. No que diz respeito ao desempenho, a heterogeneidade de valores pode ter implicações positivas e negativas. A fim de identificar uma solução, devemos explorar a "caixa negra" da variação substancial no desempenho a partir de uma perspetiva mais delicada (Mustapha et al., 2020). Como resultado, este estudo centra-se na amplitude concetual da heterogeneidade de valor e avalia o impacto da heterogeneidade de valor no desempenho a partir de uma perspetiva subtil.No estudo contemporâneo, muitos académicos têm investigado a influência da heterogeneidade no desempenho a partir de uma série de pontos de vista, mas ainda existem lacunas na nossa compreensão dos elementos que contribuem para o mau desempenho no caso de caloiros fracos em start-ups (Zada et al., 2021). Com base nas teorias da identidade social e do patchwork empresarial, um novo caminho intermediário é desenvolvido e avaliado em termos do impacto da heterogeneidade de valor no desempenho, utilizando novos modelos teóricos e variáveis. Em certa medida, isto alarga a perspetiva e o âmbito desta investigação, ao mesmo tempo que aumenta o âmbito das ideias relevantes em termos da sua aplicação.

Como indicado anteriormente na literatura, centrámo-nos na relação entre os dois no contexto da heterogeneidade superficial ou da combinação superficial profunda. O presente documento analisa e estuda, em certa medida, a heterogeneidade profunda, revela o paradoxo lógico da relação entre a heterogeneidade dos valores da equipa empresarial e o desempenho inovador das empresas em fase de arranque que operam em heterogeneidade profunda e determina o âmbito principal da investigação de valores do presente documento através da redefinição de valores. Por último, confirma a importância da heterogeneidade de valores na evolução das empresas. A maioria dos estudos explica principalmente a relação entre heterogeneidade e desempenho de inovação a partir do comportamento de aprendizagem e comportamento de inovação, tomando o patchwork empresarial como uma variável intermediária, ampliando a perspetiva e o escopo desta pesquisa até certo ponto, e trazendo a variável de pesquisa situacional segurança psicológica da equipe, que é usada principalmente em empresas maduras, na pesquisa de start-ups, aprofundando ainda mais a compreensão de th (Oqlu, 2019). Existem diferenças na eficiência e no efeito do patchwork empresarial devido a diferentes valores, o que explica as desigualdades nos resultados do desempenho inventivo das start-ups. Quando as disparidades de valores permanecem iguais, as mudanças na segurança psicológica da equipa explicam as diferenças na eficiência da transformação e a influência do comportamento do patchwork empresarial.

No domínio do espírito empresarial, a heterogeneidade e o patchwork são considerados duas técnicas de apoio ao desenvolvimento das empresas. No entanto, são necessárias mais investigações e validações para o estudo relevante sobre a combinação da heterogeneidade profunda e especial e do patchwork. A fim de compreender melhor a relação entre as quatro variáveis, este estudo integra a segurança psicológica da equipa como uma componente reguladora do ambiente. As teorias relevantes e a investigação académica corroboram este facto. Investigar técnicas alternativas para melhorar o desempenho da inovação empresarial.

1.4 Questões de investigação

(1) Como é que a heterogeneidade dos valores da equipa empresarial afecta o desempenho da inovação das empresas em fase de arranque?

(2) Que papel desempenha o patchwork empresarial no processo de heterogeneidade de valor e no desempenho inovador das empresas em fase de arranque?

(3) Que papel desempenha a segurança psicológica da equipa no contexto da heterogeneidade de valores e do patchwork empresarial?

1.5 Objectivos da investigação

(1) Examinar o efeito da heterogeneidade de valores da equipa empreendedora no desempenho da inovação das empresas em fase de arranque.

(2) Examinar a função do patchwork empresarial no processo de heterogeneidade de valor e no desempenho da inovação das empresas em fase de arranque.

(3) Examinar a função da segurança psicológica da equipa no contexto da heterogeneidade de valores e do patchwork empresarial.

1.6 Importância da investigação

(1) Significado teórico

Em primeiro lugar, contribui para o conjunto de informações sobre a relação entre a heterogeneidade de valor e o desempenho inovador das start-ups (Indarti, 2021). Como indicado anteriormente na literatura, concentrámo-nos na relação entre os dois no cenário da heterogeneidade superficial ou da combinação profunda superficial. Este estudo analisa e estuda a heterogeneidade profunda até certo ponto, e identifica e esclarece a contradição lógica da relação entre a heterogeneidade dos valores da equipa empreendedora e o desempenho inovador das start-ups que trabalham no cenário da heterogeneidade profunda. Em seguida, redefine os valores para descrever o tema principal da investigação de valores deste documento e demonstra o impacto da heterogeneidade de valores no desenvolvimento das empresas.

Em segundo lugar, defende que a heterogeneidade dos valores da equipa empresarial tem um impacto no desempenho inovador das empresas em fase de arranque e explica o caminho da ação e os aspectos situacionais a considerar. Existem diferenças na eficiência e no efeito do patchwork empresarial devido a valores diferentes, o que explica as desigualdades nos resultados do desempenho inventivo das empresas em fase de arranque. Quando as disparidades de valores permanecem iguais, as mudanças na segurança psicológica da equipa explicam as diferenças na eficiência da transformação e a influência do comportamento de patchwork empresarial. A fase seguinte consiste em construir um modelo integrado de desempenho da equipa e heterogeneidade de valores, Patchwork empresarial e segurança psicológica. No domínio do empreendedorismo, a heterogeneidade e o patchwork são vistos como duas técnicas de apoio ao desenvolvimento das empresas. No entanto, são necessárias mais investigações e validações para o estudo relevante sobre a combinação da heterogeneidade profunda e especial e do patchwork. Este estudo incorpora a segurança psicológica da equipa como uma componente reguladora do ambiente para examinar a relação entre os quatro factores e investigar abordagens alternativas para aumentar o desempenho inovador da empresa. As teorias relevantes e a investigação académica apoiam esta abordagem.

Em primeiro lugar, oferecer ideias para a formação de uma equipa de arranque. Apesar das variações nos recursos de conhecimento superficial, recursos de rede, antecedentes de experiência e outras caraterísticas, a baixa variabilidade de valores é considerada crucial na formação de equipas empresariais saudáveis e no desenvolvimento de resultados eficientes (Tung, 2021). As equipas empreendedoras devem tentar manter um elevado nível de variedade nos seus outros atributos, minimizando a variação nos seus valores.

Em segundo lugar, encontrar soluções para a escassez de recursos disponíveis para as empresas em fase de arranque. A "manta de retalhos" empresarial não é um método adequado para resolver as dificuldades actuais e apoiar as empresas a atravessar tempos difíceis em que os recursos são escassos e caros de obter. Uma vez que existem muitos cenários distintos para diferentes tipos de "patchwork", a equipa empresarial deve conduzir o "patchwork" pelo caminho mais adequado às circunstâncias actuais da empresa, a fim de otimizar o desempenho da inovação.

Em terceiro lugar, fazer recomendações às empresas sobre a forma de melhorar o seu desempenho operacional atual. Dada a complexidade e a mutabilidade do ambiente externo, é necessário manter um ambiente psicologicamente seguro no seio da equipa, que possa estimular mais eficazmente a coordenação e a capacidade de trabalho entre os membros da equipa empresarial, a fim de alcançar o objetivo de melhorar o desempenho.

CAPÍTULO 2
REVISÃO DA LITERATURA

2.1 Introdução

De acordo com as conclusões da leitura e análise da literatura atual sobre equipas empresariais, uma grande equipa empresarial deve preservar os mesmos e diferentes atributos dos membros da equipa em algumas partes, mantendo as mesmas qualidades noutras. De acordo com os académicos, as equipas de investigação são avaliadas com base na diversidade da experiência dos seus membros na indústria, nos recursos de conhecimento, nas ligações de rede e nos valores. Por exemplo, os académicos acreditam que, quando confrontados com um ambiente complicado, os valores, os conhecimentos e as competências, a informação e a experiência dos membros da equipa diferem, fazendo com que a sua consciência e as suas abordagens de resolução de problemas sejam diferentes. Por outro lado, consideram que, na presença de um ambiente complicado, os conhecimentos e as competências dos membros da equipa são diferentes (Du et al., 2020). Este método é apoiado pela teoria da informação para a tomada de decisões, pela teoria baseada nos recursos e por outras teorias, que sugerem que as organizações podem beneficiar de ideias mais originais e de soluções mais eficazes, bem como da aquisição de mais experiência por parte dos membros da equipa.

No entanto, quando se avalia a condição psicológica dos membros da equipa, a heterogeneidade de valores, atitudes e outras caraterísticas entre os membros pode resultar em alienação psicológica entre os membros da equipa. Uma vez que tanto a teoria da identidade social como a teoria da atração pela semelhança apoiam este ponto de vista, podemos ver que a heterogeneidade não só aumenta a possibilidade de desenvolvimento, como também aumenta a complexidade da estrutura interna da organização. Esse ponto de vista é reforçado pela teoria da identidade social e pela teoria da atração por similaridade, que demonstram que a heterogeneidade não apenas oferece oportunidades de desenvolvimento, mas também aumenta a complexidade interna (Su e Yu, 2019). Então, como é que a heterogeneidade de valores afecta o desempenho? Com base nos resultados deste estudo, conclui-se que quando o conceito de valores é confuso e difícil de apreender, clarificar e refinar a heterogeneidade de valores é uma possível opção a considerar.

2.2 Variáveis independentes

(1)A heterogeneidade dos valores da equipa

Os valores são perspectivas sobre o ambiente, as pessoas e as coisas que cada um gradualmente começa a apreciar na sua própria vida. Valores diferentes representam vários estilos de vida, hábitos de trabalho e abordagens às soluções de resolução de problemas. Quando existe uma diferença de valores, não faz diferença quem está correto ou incorreto, mas uma diferença significativa de valores conduz frequentemente a problemas de comunicação e coordenação, o que, por sua vez, leva a conflitos de relacionamento. Isto tem um impacto negativo na estabilidade estrutural da equipa, bem como no seu desempenho. Além disso, a discrepância de valores é inversamente proporcional ao grau de desacordo no seio do grupo. Um elevado nível de heterogeneidade de valores conduzirá a diferenças significativas na cognição dos membros da equipa em termos de objectivos da equipa, conceção estratégica e planeamento do desenvolvimento do negócio, resultando em diferenças de problemas da equipa, contradições e conflitos emocionais, que serão prejudiciais para o desenvolvimento a longo prazo da organização (Novosad et al., 2018).

(2)O trabalho de retalhos do empresário

Muitas empresas em fase de arranque enfrentam grandes limitações de recursos que as impedem de sobreviver e crescer. O patchwork é uma técnica que envolve tanto a imaginação como a improvisação. Descreve a forma como os empresários utilizam os recursos existentes para criar uma empresa. As organizações devem ser inovadoras, adaptáveis e reformadas para aproveitarem novas oportunidades e abordarem novas questões. Não espera que os recursos apropriados sejam disponibilizados; em vez disso, viola a sabedoria convencional sobre quais os recursos que devem e não devem ser disponibilizados através da prática. A manta de retalhos empresarial, em contraste com os entendimentos tradicionais dos recursos existentes, é uma abordagem proactiva que permite uma maior criação de valor a partir dos recursos existentes, abandonando os entendimentos tradicionais dos recursos existentes e concentrando-se na maior criação de valor dos recursos existentes. Não se trata apenas de uma inovação do modelo de negócio, mas também de um método importante de inovação e crescimento empresarial, com a capacidade de melhorar significativamente o desempenho da empresa (Chernoivanova et al., 2021).

3) Entrada de retalhos

O patchwork de factores de produção refere-se à mistura de recursos brutos e de competências laborais sob a forma de patchwork. As empresas com recursos materiais e humanos relativamente comparáveis podem fornecer serviços radicalmente diferentes ao mercado devido a diferenças na sua capacidade de dominar as várias utilizações e combinações desses recursos. Empresas com recursos materiais e humanos relativamente comparáveis podem produzir serviços de mercado bastante distintos (Jonek-Kowalska, 2019). O valor monetário dos recursos é incerto por definição. O nosso objetivo é identificar novas utilizações para os recursos da empresa, descobrindo combinações e afectações únicas dos recursos existentes, realizando assim a nova forma de valor dos recursos e o processo de valor acrescentado.

(4) Retalhos de clientes

O processo de reexaminar o mercado de clientes negligenciado e de ligar o mercado aos recursos disponíveis no contexto da manta de retalhos de clientes é definido como Os produtos no mercado convencional são concebidos para satisfazer as necessidades da maioria das pessoas, mas não conseguem corresponder às necessidades deste nicho de mercado recentemente emergente (Sroka, 2020). Ao centrarmo-nos nestas exigências de um mercado mal servido, podemos ser capazes de aproveitar este facto como um ponto de entrada no sector, evitando as pressões competitivas do mercado convencional, fornecendo serviços distintos sem a influência de uma marca e realizando o potencial inovador ignorado.

(5) A manta de retalhos do sistema

A prática de construir regras e regulamentos únicos ou processos de fabrico adequados ao próprio desenvolvimento da empresa, utilizando apenas os recursos que estão disponíveis, é referida como patchwork do sistema (Ma et al., 2019). Uma vez que as empresas em fase de arranque não podem cumprir diretamente as normas da indústria, irão, na maioria dos casos, construir as suas próprias regras e regulamentos. Podem não só ajudar as empresas a serem bem sucedidas na transformação do seu modelo de negócio em situações complexas e mutáveis devido à diferente conceção ou integração do seu próprio sistema de valores ou modelo de negócio, mas também podem promover o desenvolvimento do seu próprio sistema no sentido da legitimidade através de uma conceção ou integração diferente.

2.3 Variável dependente

Desempenho inovador das empresas em fase de arranque

O desempenho pode ser avaliado de várias formas, incluindo a inovação, o dinheiro e o crescimento. No processo de crescimento económico, a inovação é essencial para garantir que as empresas sobrevivam e prosperem nos seus sectores específicos. O processo de juntar vários componentes para produzir novos produtos ou serviços é conhecido como inovação (Alzoubi e Gill, 2020). As novas empresas obtêm uma vantagem competitiva e melhoram o seu desempenho global através da invenção de novos bens e serviços, da entrada em novos mercados e da utilização de outras estratégias inventivas para atingir esses objectivos. O desempenho da inovação refere-se à medição da eficiência da produção e do impacto das iniciativas de inovação (também conhecida como eficácia da inovação). A contribuição de novos itens ou serviços para o desempenho da empresa pode ser considerada uma variável importante na avaliação das realizações do desenvolvimento tecnológico e na quantificação do sucesso da inovação. Em suma, o desempenho da inovação refere-se ao montante em que os recursos são convertidos em produtos necessários para trazer ideias e patentes para o mercado e satisfazer os desejos dos clientes; por outras palavras, a taxa a que novos produtos e novas tecnologias são lançados no mercado (Guo e Wang, 2019). Uma definição completa do desempenho da inovação compreende todo o processo de desenvolvimento de ideias e conceitos relevantes, invenção de tecnologias patenteáveis relevantes e, eventualmente, invenção de itens que atendam à demanda do mercado, a fim de levar os produtos ao mercado e comercializá-los. Considera o valor da comercialização e das vendas, para além do valor da inovação técnica no avanço tecnológico.

2.4 Teorias relacionadas

2.4.1 Teoria da atração por semelhança

Em 1971, Byrne estabeleceu a teoria da atração por semelhança, que agora recebeu reconhecimento universal. Tal como referido no início do estudo, existe alguma semelhança nas opiniões e atitudes das pessoas, o que facilita a atração de ambas as partes. O estudo subsequente de outros investigadores mostrou que quaisquer semelhanças entre duas partes, tais como pontos de vista, valores ou factores demográficos, podem aumentar a atratividade de ambas as partes (Guan, 2019). Para começar, quanto mais semelhantes forem as pessoas em termos das suas opiniões e ideias, bem como das suas caraterísticas demográficas, personalidade e qualidades cognitivas, etc., mais atraídas se sentem uma pela outra. De acordo com a organização, quando se olha para uma organização da perspetiva dos seus membros, quanto mais semelhanças existirem entre eles, mais forte é a atração mútua entre eles, e mais estreita é a relação entre eles e a organização.

Alguns pesquisadores investigaram a similaridade a partir das perspectivas da heterogeneidade profunda e da heterogeneidade superficial, respetivamente. A heterogeneidade profunda é caracterizada por diferenças de atitudes, crenças, valores e habilidades cognitivas, enquanto a heterogeneidade superficial é caracterizada por diferenças demográficas e caraterísticas biológicas (Nguyen et al., 2019). Desde então, estudiosos relevantes classificaram a similaridade superficial e profunda com base nessa categorização e exploraram os resultados do efeito em vários níveis como resultado dessa classificação. Alguns estudos examinaram os paralelos a partir de três ângulos: demografia, cognição e intenção. A semelhança cognitiva, ou semelhança de crenças e atitudes, melhorará a interação interpessoal dentro da equipa, e a semelhança de objectivos melhorará as relações interpessoais e a coesão da equipa, o que será benéfico para as actividades e o desenvolvimento da empresa, entre outras coisas (Lusnakova et al., 2019). Os traços de valor estudados neste artigo enquadram-se nas categorias de investigação de semelhança cognitiva e semelhança de objectivos e, como resultado de uma baixa heterogeneidade ou de uma elevada semelhança de traços de valor, a interação interpessoal, a manutenção das relações e a cooperação da equipa são melhoradas, o que é benéfico para o crescimento da organização.

O provérbio "As aves andam juntas e as pessoas andam juntas" exemplifica a forma como as pessoas com interesses semelhantes se podem relacionar. Este é um entendimento chinês sobre o conceito de atração por semelhança (também conhecido como a hipótese da atração). Os membros da equipa juntam-se por várias razões durante o processo de criação de uma nova empresa, incluindo laços de sangue, laços geográficos, laços industriais e outros factores, que se enquadram na teoria da atração por semelhança; no entanto, para o nível de valor, os objectivos da tarefa e os assuntos importantes da equipa são as considerações mais importantes. É difícil dizer se a atitude profissional corresponde à atitude pessoal (Nikityuk et al., 2018). Os autores do estudo acreditam que um grupo de pessoas que consegue trabalhar em conjunto para desenvolver um negócio será capaz de manter a empresa a funcionar. O mais importante é que as duas pessoas partilhem ideais comparáveis. Quando se comparam duas pessoas, valores semelhantes são mais importantes do que dados demográficos semelhantes. Pontos de vista semelhantes aumentam a eficiência da comunicação e a capacidade de enfrentar os desafios da equipa, o que é melhor para o desenvolvimento da empresa.

2.4.2 Teoria da identidade social

O estudo do comportamento psicológico de grupo, que é o âmbito da investigação, é a base da teoria da identidade social. Os investigadores revelaram que as semelhanças entre diferentes raças ou grupos podem ser atribuídas a um elevado nível de tolerância e preferência por grupos internos e a um elevado nível de preconceito contra grupos externos. Chegaram à conclusão de que (He et al., 2020). Ao longo do desenvolvimento da identidade social de uma pessoa, ocorrerão três processos psicológicos: categorização social, comparação social e zonamento positivo. Cada um desses procedimentos melhorará o senso de identidade social de uma pessoa. A categorização social tem um impacto em todos os aspectos da nossa vida. Os indivíduos categorizam o que os rodeia como não passa, de modo a obterem uma compreensão mais abrangente do mesmo. No entanto, quando as pessoas fazem contacto social, a situação muda e as suas preferências emocionais pelas mesmas coisas classificadas mudam (da Silva et al., 2018). Por vezes, exageram as diferenças entre elas, enquanto outras vezes fecham as lacunas. A explicação mais popular para este facto ao longo de todo o processo de classificação é que os indivíduos os dividem instintivamente em grupos internos e externos. No contexto de um projeto de investigação, examinámos anteriormente o enviesamento do grupo interior e a discriminação do grupo exterior. A medida através da qual os indivíduos avaliam a sua própria capacidade, que pode ser quantificada através da autoavaliação ou da comparação da sua própria capacidade com a dos outros, é designada por comparação social. A comparação social é um critério importante para determinar a própria identidade social (Grondys et al., 2020). Em geral, quando comparam o grupo interno com o grupo externo, preferem glorificar as virtudes do grupo interno e rebaixar as insuficiências do grupo externo, a fim de aumentar o seu entusiasmo pelas actividades do grupo interno. No entanto, se um indivíduo estiver insatisfeito com a identidade social do seu grupo após a análise, pode optar por deixar o grupo e juntar-se a outro que satisfaça melhor as suas necessidades. O conceito de zonamento positivo é outra componente importante da teoria da identidade social. Os indivíduos enfatizam os seus pontos fortes em todos os aspectos das suas vidas, a fim de aumentar a sua autoestima ou alcançar a auto-motivação, e fazem-no para superar os grupos externos no processo de comparação de grupos. Como resultado do seu trabalho, a análise positiva pode aumentar a autoestima dos membros da equipa e o sentimento de pertença aos grupos internos (Rajic et al., 2020). Como resultado do preconceito contra outros grupos, há antagonismo e desacordo entre as equipas, o que é prejudicial. Se os valores das equipas empreendedoras diferirem, a equipa separar-se-á automaticamente em vários pequenos grupos com base na classificação social, como se pode ver na Figura 1. Os membros da equipa avaliam os seus atributos pessoais e comparam cada pequeno grupo para escolher o melhor grupo pequeno. As pessoas de um pequeno grupo podem reparar nos actos ou pensamentos de uma pessoa que consegue manter uma atitude positiva ao permanecer no grupo (Zhu e Zhu, 2019). Entretanto, a pessoa adquire um maior sentido de valor próprio em resultado do seu envolvimento em comparação com outros pequenos grupos. Como resultado do processo, é capaz de aumentar as semelhanças entre si e o pequeno grupo e, simultaneamente, diminuir as diferenças entre si e outros pequenos grupos, facilitando a formação de preconceitos e desacordos entre pequenos grupos dentro da equipa. Claramente, o conhecimento da pertença ao grupo tem um impacto na cognição social, na atitude social e nos resultados comportamentais (Leung et al., 2019). Se surgir um pequeno grupo dentro da equipa, os membros terão pontos de vista diferentes sobre o objetivo final da equipa. Como têm pontos de vista opostos sobre a estratégia e os desafios da tarefa, a equipa não pode colaborar com sucesso. Isto terá um impacto negativo no processo e nos resultados das operações empresariais da empresa.

2.4.3 Teoria da manta de retalhos empresarial

A expressão "manta de retalhos empresarial" deriva do estudo da teoria dos recursos, que se preocupa com a forma como as empresas podem funcionar perante a escassez de recursos. Baker e Nelson descrevem como, após a introdução de uma série de noções como a teoria da capacidade de recursos, a teoria do sistema aberto e a teoria do novo sistema, estas teorias conduzem à manta de retalhos empresarial necessária para a construção de uma sociedade de recursos (Ji, 2018). Quando uma nova empresa tem uma variedade de restrições de recursos, este é um exemplo de patchwork empresarial. Nesta situação, o empresário utiliza plenamente os recursos disponíveis, ultrapassa as restrições das condições práticas e resolve novas possibilidades e questões, a fim de aumentar a criação de valor e melhorar o desempenho da empresa.No que diz respeito aos recursos, do ponto de vista empresarial, os recursos e as competências de uma organização são critérios fundamentais para obter uma vantagem competitiva. Ao calcular o valor atual dos recursos, as empresas consideram se os recursos têm valor, se são facilmente copiados e se proporcionam benefícios aos concorrentes. No entanto, as empresas em fase de arranque enfrentam restrições consideráveis em termos de recursos e não conseguem obter recursos de mercado adequados para capitalizar as oportunidades de mercado (Dikinov et al., 2020). Neste caso, o comportamento de patchwork empresarial permite que as empresas façam uso inovador dos recursos à sua disposição, e os recursos combinados pelo comportamento são difíceis de imitar, permitindo que as empresas capitalizem oportunidades fugazes e alcancem níveis mais elevados de desempenho de inovação do que de outra forma.

De acordo com a estratégia da rede social, quanto maior for a amplitude e a diversidade da rede de relações dos membros da equipa empresarial, mais fácil será para eles obter uma gama variada de elementos de recursos. Em situações em que os empresários podem obter elementos relevantes necessários para o desenvolvimento a um custo mais baixo através dos seus recursos de relacionamento em toda a equipa, este processo é improvisado com a ajuda destes recursos de relacionamento para patchwork de baixo custo, através destas relações relacionadas para obter os recursos de produção e recursos de informação necessários para indústrias específicas, o que proporciona uma boa base (Pererva et al., 2021). Tanto o patchwork de insumos como o patchwork de consumidores têm um efeito positivo no desempenho, o que pode ser explicado por estes dois pontos de vista. De acordo com a teoria institucional, há ainda ocasiões em que a legitimidade do sistema jurídico não foi estabelecida em resultado do processo em curso de reforço do sistema jurídico. Os empresários utilizam a sua imaginação para reunir o sistema atual, bem como o sistema de inovação que lhes é acessível, a fim de operar e expandir a sua empresa. Por um lado, quando estes métodos são aplicados, as empresas em fase de arranque são gradualmente reconhecidas pelo público e pelo governo, e as dificuldades de legitimidade que surgem durante as fases iniciais do empreendedorismo podem ser gradualmente resolvidas, permitindo a obtenção de rentabilidade a longo prazo. As empresas, por outro lado, podem alcançar o sucesso da reforma do modelo empresarial em ambientes complexos e dinâmicos, construindo ou integrando o seu próprio sistema de valores ou modelo empresarial num novo método. Isto explica porque é que a fragmentação institucional tem um impacto positivo no desempenho global (Karvonen et al., 2018).

2.5 Revisão da investigação anterior

2.5.1 Análise da heterogeneidade dos valores da equipa empresarial

Ao fazer um estudo da literatura sobre a heterogeneidade de valor, descobriu-se que a presente investigação sobre a heterogeneidade de valor e o desempenho inovador das empresas em fase de arranque é interpretada de várias formas. Quando há pouca heterogeneidade de valor, as variações nas qualidades superficiais e na idade das equipas empreendedoras são benéficas para a inovação e o sucesso empresarial das equipas em questão. Nas equipas empresariais, as diferenças de funções e de experiência podem ser complementares, o que pode ter um impacto positivo no desempenho da empresa. No entanto, a heterogeneidade nos atributos sociais e nos atributos de valores não é propícia à eficiência e ao desempenho positivo das equipas empreendedoras, como evidenciado pelo facto de (Al-Kharusi et al., 2021). O processo de transformação do conflito de tarefas, de acordo com alguns investigadores, tem uma influência favorável no desempenho dos membros da equipa devido às disparidades de valores entre os membros da equipa. As diferentes perspectivas sobre a tomada de decisões em equipa são facilitadas pelas disparidades de valores dos membros da equipa. Isto leva a uma maior diversidade de pensamento, o que, por sua vez, leva a uma maior eficácia da tomada de decisões (Canat et al., 2018). Após a conclusão de que o impacto da heterogeneidade de valores no desempenho não é claro e que o conceito de valores também não é claro, este artigo refina e amplia o conceito de heterogeneidade de valores, definindo-o como a diferença de pensamento entre os membros da equipa empreendedora em termos de objetivos estratégicos da empresa, objetivos da tarefa e assuntos importantes da equipa (Goncalves et al., 2020). Verificar a influência da redefinição da noção de valores e do desenvolvimento de vários modelos de transformação no desempenho, estabelecendo diferentes modelos de transformação.

2.5.2 Revisão da manta de retalhos empresarial

São vários os factores que contribuem para o comportamento empresarial de "patchwork". Atualmente, a maior parte da investigação sobre os factores determinantes dos antecedentes das equipas empresariais centra-se nos níveis de análise individual e organizacional. Uma quantidade significativa de investigação está a ser conduzida ao nível individual. Esta pesquisa está preocupada principalmente com as caraterísticas individuais, tais como comportamento individual e tomada de decisão, rede social, estilo de liderança e capital social, entre outros (Hadaya et al., 2020). Zhu Xiumei e colegas descobriram na sua investigação que a mudança de liderança tem um impacto significativo no incentivo à manta de retalhos. A aptidão empresarial dos empresários é influenciada pela quantidade e tipo de contactos da rede social que constroem através de amizade, parceria comercial e outros meios, que é uma base material vital para a manta de retalhos empresarial que está a ser produzida (Gorkhali e Da Xu, 2019). Os investigadores realizaram a sua investigação sob o ângulo do "resultado da ação de recursos". Outros argumentam que o capital social, como a experiência empresarial prévia e a compreensão do negócio, bem como a diversidade das relações sociais, podem ter um impacto na formação de uma manta de retalhos empresarial (Goerzig e Bauernhansl, 2017). A orientação empreendedora, o impulso para a inovação, as competências empreendedoras, a flexibilidade estratégica, a heterogeneidade da equipa e outros aspectos são os principais factores que determinam o sucesso da equipa organizacional. Com base no paradigma teórico do "desempenho cognitivo-comportamental", Zuo Li e colegas construíram modelos de flexibilidade cognitiva, Patchwork empresarial e desempenho de start-ups. De acordo com as suas conclusões, a flexibilidade cognitiva tem um efeito positivo na promoção do patchwork empresarial. Ao investigar o mecanismo de indução multinível do patchwork empresarial, vários investigadores descobriram que a flexibilidade estratégica e a aprendizagem de ligação induzirão ainda mais as novas empresas a adotar uma abordagem de patchwork empresarial (Tutaj et al., 2021). Com base no paradigma de estudo do "desempenho do comportamento da atitude", que eles seguiram, alguns pesquisadores descobriram que a orientação empresarial (inovação, iniciativa e tomada de risco) tinha uma ligação favorável com o patchwork empresarial. Aspectos como a heterogeneidade da equipa, a rede social da equipa e a dedicação da equipa são também elementos antecedentes importantes (Goswami, 2018). Embora o conceito de Patchwork empresarial exista há muito tempo, não tem havido muita investigação real sobre ele, o que é um problema que este ensaio pretende resolver na sua totalidade.A maioria da investigação atual sobre determinantes de resultados empresariais centra-se no desempenho, criatividade, aprendizagem empresarial, capacidade empresarial (incluindo o desenvolvimento de oportunidades), e desenvolvimento de oportunidades (que inclui o desenvolvimento de oportunidades). Com base em dados de start-ups, Li Fei e colegas descobriram que a manta de retalhos empresarial tem uma influência direta substancial na capacidade dinâmica (capacidade de absorção, capacidade de integração e capacidade de inovação) de uma boa forma (Huanachin-Yancce et al., 2019). A manta de retalhos paralela tem uma influência negativa na inovação de produtos, mas a manta de retalhos selectiva tem um benefício positivo (Figura 1). A manta de retalhos empresarial tem um impacto positivo na singularidade no que respeita à tecnologia e ao mercado. O patchwork empresarial pode levar à formação de novas oportunidades de mercado, bem como ao desenvolvimento das actuais oportunidades de mercado. As apreciações dos académicos sobre o impacto do patchwork empresarial no desempenho têm sido contraditórias. Além disso, várias pesquisas descobriram que a tecnologia dinamarquesa de turbinas eólicas, que foi desenvolvida através de uma colaboração de muitas empresas, supera os produtos de outras empresas com maior força de capital (Li, 2019). É certo que, como resultado da improvisação empresarial e da utilização de recursos de apoio limitados, haverá um problema de baixa eficiência sob os mesmos bens, que serão incapazes de satisfazer as necessidades do mercado durante um período de tempo alargado. O impacto da manta de retalhos varia consoante a fase de crescimento de uma organização (Kasianova et al., 2019). A manta de retalhos empresarial tem um impacto direto significativo no sucesso financeiro das novas empresas nas fases de arranque e desenvolvimento inicial. No entanto, não existe uma associação estatisticamente significativa entre o patchwork empresarial e o desempenho de crescimento das novas empresas no período de arranque. No entanto, a associação entre o patchwork empresarial e o sucesso do crescimento das novas empresas na fase inicial é estatisticamente significativa (Liao et al., 2021).

2.5.3 Revisão da segurança psicológica da equipa

Atualmente, estão a ser realizados vários estudos sobre as variáveis antecedentes e resultantes da segurança psicológica das equipas. A investigação revelou que a segurança psicológica da equipa tem um impacto significativo no comportamento de cidadania organizacional, na paixão empresarial, na aprendizagem da equipa, no desempenho da equipa, na partilha de conhecimentos, na invenção da equipa e na criatividade da equipa, entre outros aspectos. Ao mesmo tempo, a segurança psicológica da equipa é influenciada pelo comportamento dos líderes da equipa, pela estrutura e diversidade da equipa e pela disponibilidade de apoio ambiental e capital social.

Alguns especialistas, por outro lado, acreditam que desempenha um papel na adaptação situacional das actividades da equipa. É evidente que a segurança psicológica no seio de uma equipa é fundamental para o desempenho da mesma. Este estudo, por outro lado, baseia-se maioritariamente em empresas maduras e é classificado como investigação sobre comportamento organizacional. O objetivo desta investigação é incluir esta ideia no estudo das equipas empresariais, considerando a segurança psicológica da equipa como uma variável de ajustamento. Analisar o significado deste sentido de atmosfera nas actividades empreendedoras de retalhos de equipas com valores variados, e obter uma compreensão mais profunda do estudo sobre equipas empreendedoras em geral (Lin e Ieee, 2019).

2.5.4 Investigação sobre o desempenho inovador das empresas em fase de arranque

O desempenho pode ser avaliado de várias formas, incluindo a inovação, o dinheiro e o crescimento. Durante o processo de crescimento económico, a inovação é fundamental para garantir que as empresas continuem a sobreviver e a prosperar nos seus respectivos domínios (Illiashenko et al., 2020). Schumpeter afirmou na sua introdução ao crescimento económico que a inovação é o processo de integração de partes existentes para criar novos produtos ou serviços, que definiu da seguinte forma: O desempenho empresarial das novas empresas é melhorado através do desenvolvimento de novos bens e serviços, da expansão dos mercados existentes e da utilização de outros métodos inovadores. O desempenho da inovação refere-se à medição da eficiência dos resultados e do impacto das iniciativas de inovação (também conhecida como eficácia da inovação). A contribuição de novos bens ou serviços para o desempenho empresarial pode ser considerada uma variável essencial para avaliar e medir o sucesso da inovação, a fim de avaliar as realizações do desenvolvimento tecnológico e medir o desempenho da inovação (Chen e Metawa, 2020). Alguns investigadores dividem o desempenho da inovação em duas categorias: Uma definição mais específica de desempenho da inovação é o grau em que os recursos são transformados em produtos necessários durante o processo de introdução de invenções e pedidos de patentes no mercado e de satisfação das necessidades dos clientes, que é a taxa a que novos produtos e novas tecnologias são introduzidos no mercado. Uma definição completa do desempenho da inovação inclui todo o processo de desenvolvimento de ideias e conceitos relevantes, a invenção de tecnologias patenteáveis relevantes e, eventualmente, a invenção de artigos que satisfaçam a procura do mercado, a fim de introduzir os produtos no mercado e comercializá-los. Considera não apenas a importância da inovação tecnológica em termos de avanço tecnológico, mas também a importância da comercialização em termos de receita (Zhang e Zhang, 2018).

Após uma análise das várias técnicas de medição do desempenho empresarial das empresas em fase de arranque, as três componentes do desempenho empresarial podem ser resumidas da seguinte forma: O primeiro aspeto são as realizações tecnológicas, que são principalmente o número de novos produtos e patentes; o segundo aspeto são os dados das demonstrações financeiras, que são principalmente o rendimento de novos produtos, a taxa de crescimento das vendas, o lucro, o rácio input-output, e assim por diante; o terceiro aspeto é medir as actividades ou dados não financeiros relacionados com a realização do desempenho da inovação, mas a maioria dos académicos são intercalados para expressar o desempenho da inovação; o quarto aspeto é medir as actividades ou dados não financeiros relacionados com a realização da inovação (Zhang et al., 2020). Alguns académicos avaliam o sucesso da inovação com base em três critérios: a investigação e o desenvolvimento de novos bens, o montante das receitas das vendas na mesma indústria e a capacidade de satisfazer os desejos dos consumidores através de um método inovador. Alguns estudos examinaram a quantidade e o conteúdo técnico das novidades, bem como os novos mercados, a eficiência, a tecnologia e o modo de funcionamento, para determinar a sua comparação com os concorrentes (Wang, 2020). No contexto da progressão tecnológica, alguns académicos utilizam o número de patentes concedidas como indicador do progresso técnico. É fácil de obter e equitativo, porque se baseia em informações sobre patentes publicamente disponíveis. No entanto, a sua utilização como indicador de medição pode resultar numa falta de atenção noutras áreas. No entanto, embora os números das patentes estejam disponíveis ao público e possam ser descarregados diretamente da Internet, o método de pedido de patentes é bastante complicado e o sistema ou a atividade da própria empresa não estarão representados na patente (Zhao et al., 2021). É incrivelmente difícil transferir tecnologia patenteada para um produto acabado e melhorar o desempenho global de uma organização. Muitas das patentes solicitadas podem nem sempre implicar elevados níveis de eficácia.

2.6 Lacuna na investigação

Embora a investigação sobre a relação entre a heterogeneidade do valor da equipa empresarial e o desempenho da empresa tenha criado uma base substancial para estudos futuros, os peritos chegaram a resultados diferentes nas suas investigações. Alguns estudos obtiveram resultados incoerentes, enquanto outros continuam a produzir resultados contraditórios. Atualmente, a investigação sobre o impacto da heterogeneidade no desempenho raramente tem em consideração a singularidade do sucesso de uma empresa em fase de arranque num contexto de recursos limitados. Na perspetiva da escassez de fracos recém-nascidos e dos escassos recursos das empresas em fase de arranque, o que torna difícil estabelecer a ligação entre eles, continua a haver falta de provas práticas para abrir a caixa negra da sua interação. A manta de retalhos empresarial é uma variável antecedente primária do desempenho da inovação das empresas em fase de arranque como forma de inovação empresarial. Refere-se à avaliação de recursos alternativos efectuada pelas empresas utilizando recursos que já lhes estão acessíveis. Ao fazer investigação sobre equipas, é vital considerar a segurança psicológica da equipa. A ênfase principal da investigação relevante é o nível de maturidade da organização, bem como a interação entre superiores e subordinados no seio da equipa. O nível de segurança psicológica de uma equipa é elevado ao de uma equipa empresarial e é explorado o impacto da perceção ou do clima de segurança psicológica no ajustamento das operações da empresa. Trata-se de uma investigação exploratória que também pode ser completada.

2.7 Quadro de investigação

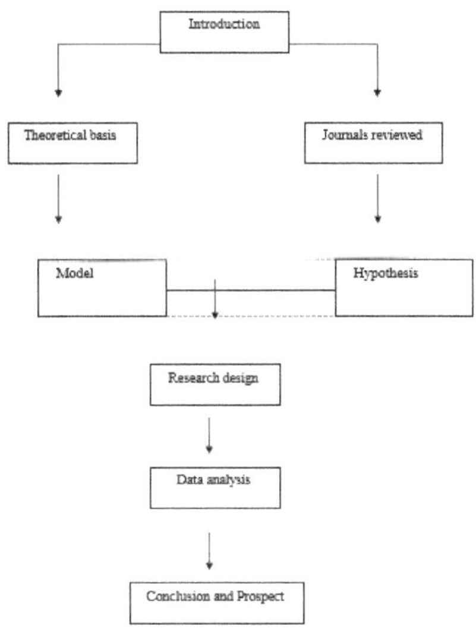

2.8 Hipóteses

H1: Existe uma associação negativa entre a heterogeneidade dos valores da equipa e o desempenho inovador das start-ups.

H2: A variedade de valores da equipa empreendedora tem uma associação negativa com o patchwork empresarial.

H2A.A heterogeneidade dos valores da equipa empreendedora tem uma relação negativa com o patchwork de inputs.

H2B.A heterogeneidade dos valores da equipa empreendedora tem uma relação negativa com o patchwork do cliente,

H2C. Existe uma relação negativa entre a heterogeneidade dos valores da equipa empreendedora e o patchwork institucional.

H3 : Existe uma relação positiva entre o Patchwork empresarial e o desempenho inovador das empresas em fase de arranque.

H3a:Existe uma associação positiva entre o input Patchwork e o desempenho inovador das empresas em fase de arranque.

H3b: Existe uma associação positiva entre o Patchwork de clientes e o desempenho inovador das empresas em fase de arranque.

H3c: Existe uma relação positiva entre o Patchwork institucional e o desempenho inovador das empresas em fase de arranque.

H4: O patchwork empresarial funciona como uma ponte entre a heterogeneidade dos valores da equipa empresarial e o desempenho da inovação das empresas em fase de arranque.

H4a: O patchwork de inputs actua como uma ponte entre a variedade de valores da equipa empreendedora e o desempenho da inovação das start-ups.

H4b: O patchwork de clientes actua como uma ponte entre a variedade de valores da equipa empreendedora e o desempenho da inovação das empresas em fase de arranque.

H4c: O patchwork institucional funciona como uma ponte entre a variedade de valores da equipa empreendedora e o desempenho da inovação das start-ups.

H5: a segurança psicológica da equipa regula a variabilidade dos valores empresariais da equipa e o patchwork empresarial.

H5a: a segurança psicológica da equipa funciona como um amortecedor entre a diversidade dos valores da equipa empresarial e a manta de retalhos do financiamento.

H5b: a segurança psicológica da equipa funciona como uma barreira entre a variabilidade dos valores da equipa empresarial e a manta de retalhos dos clientes.

H5c: a segurança psicológica da equipa regula a variedade de valores da equipa empreendedora e o patchwork institucional.

H6: a segurança psicológica da equipa actua como moderador na função mediadora da heterogeneidade de valores da equipa empreendedora no desempenho da inovação das start-ups através do patchwork empresarial.

H6a: a segurança psicológica da equipa actua como moderador na função mediadora da heterogeneidade de valores da equipa empreendedora no desempenho da inovação das start-ups através do patchwork de inputs.

H6b: a segurança psicológica da equipa actua como um moderador na função mediadora da heterogeneidade do valor da equipa empreendedora no efeito do desempenho da inovação das start-ups através do patchwork do cliente.

H6c: a segurança psicológica da equipa actua como um regulador na função intermédia da heterogeneidade do valor da equipa empreendedora que influencia o desempenho da inovação das start-ups através do patchwork institucional.

CAPÍTULO 3
METODOLOGIA

3.1 Introdução

Este capítulo apresenta um resumo do presente documento do ponto de vista da conceção do estudo, dos procedimentos de investigação, da conceção do questionário, da seleção da amostra (fiabilidade e validade) e dos métodos de análise dos dados.

3.2 Conceção da investigação

Este ensaio em seis partes investiga a forma como a heterogeneidade de valores influencia e é afetada pelo desempenho inovador das empresas em fase de arranque.

Introdução: Esta secção apresenta os antecedentes e a importância da investigação sobre o empreendedorismo, a razão pela qual é importante estudar o problema das equipas empreendedoras, a quantidade de investigação realizada sobre o impacto da heterogeneidade do valor da equipa empreendedora no desempenho da empresa e as novas ideias de investigação que este documento tem para investigar o problema. A segunda componente é o corpo do artigo, que inclui os resultados e as recomendações. Este artigo considera-o como o ponto de partida e o ponto de inovação para o estudo das equipas empreendedoras e do desempenho da inovação no contexto do empreendedorismo.

A segunda parte é um estudo de investigação que se debruça sobre quatro variáveis: a heterogeneidade dos valores da equipa empresarial, o patchwork empresarial, o desempenho da inovação inicial e a segurança psicológica da equipa. Esclarece o significado de várias variáveis, analisa os ângulos e métodos utilizados pelos investigadores existentes e identifica em pormenor os aspectos a partir dos quais estes problemas foram introduzidos pela primeira vez pelos investigadores existentes. É necessário lançar as bases para a operação empírica subsequente a realizar mais tarde, a fim de estabelecer o significado das variáveis neste artigo e selecionar as dimensões adequadas com base no significado importante e nas exigências do texto.

A terceira secção consiste na análise teórica e nas hipóteses de investigação. Este artigo expande a base de investigação do texto utilizando as teorias do patchwork empresarial, da teoria da identidade social e da atração por semelhanças. Em seguida, organiza a discussão da investigação da presente secção entre as quatro teorias como hipótese de investigação do artigo e constrói o patchwork empresarial como variável intermediária nesta base. No quadro de investigação do efeito de mediação moderador, a segurança psicológica da equipa é utilizada como variável moderadora. A escala que será utilizada para este estudo é selecionada e concebida após a realização de pesquisas de variáveis relevantes no país e no estrangeiro, bem como a definição de variáveis de investigação neste documento, e a conceção geral do questionário é realizada de acordo com os princípios gerais da construção de questionários. Em seguida, utilizando o questionário criado, realiza-se um pequeno inquérito por amostragem para avaliar se a eficácia e a fiabilidade da conceção da escala cumprem as normas da investigação científica formal. Nesta base, deve ser efectuado um estudo formal para caraterizar o estado fundamental de uma grande amostra de empresas.

O quinto segmento centra-se na investigação empírica. A hipótese acima referida é validada por uma análise de regressão, que se baseia nos resultados dos testes de fiabilidade e de validade realizados sobre os dados do inquérito formal. A sexta secção, intitulada "Conclusões e perspectivas da investigação", sintetiza e avalia as conclusões da investigação deste artigo, bem como propõe a aplicação destes resultados às operações empresariais dos empresários. Também analisa as lacunas do estudo, bem como a forma como alguns aspectos do estudo podem ser melhorados em investigações futuras.

3.3 Método de investigação

(1) O questionário como método de investigação

Os dados em segunda mão não podem transmitir a perceção de um ambiente de valores de traços profundos, comportamento errático e segurança psicológica que os dados em primeira mão podem transmitir. De todas as abordagens atualmente acessíveis, apenas um inquérito por questionário pode corresponder às necessidades reais de investigação e verificação. Além disso, este método é um método mais conhecido e frequentemente utilizado na investigação académica. Consequentemente, este documento concebe e forma um questionário para um inquérito de investigação utilizando estudos anteriores e escalas maduras existentes e, em seguida, testa e melhora a eficácia desse questionário utilizando inquéritos no terreno e inquéritos em rede para estabelecer uma base para a verificação do quadro concetual deste documento.

2) Investigação empírica

A abordagem de análise empírica vai um passo mais além, fundindo e validando o modelo teórico e os dados reais recolhidos pelos dois procedimentos explicados em pormenor acima. Após a triagem dos dados do questionário, efetuar uma análise de fiabilidade e validade, uma análise de correlação e uma análise de regressão dos dados do segundo questionário e, em seguida, analisar e discutir os resultados dos dados à luz dos pressupostos teóricos. Efetuar uma análise exploratória dos dados do questionário inicial após o rastreio dos dados do questionário para verificar se o questionário concebido pelo artigo satisfaz os requisitos reais.

3.4 Conceção do questionário

<table>
<tr><td>Informações básicas da empresa
Setor de atividade da sua empresa:
□ Internet / TI / Eletrónica / comunicação □ indústria transformadora □ serviços à vida □ comércio por grosso / a retalho / comércio □ educação e formação □ transportes / armazenagem / logística □ energia / proteção ambiental / minerais □ cultura / desporto / entretenimento □ serviços profissionais □ agricultura, silvicultura, pecuária e pesca
Qual é o número de trabalhadores da sua empresa
□ menos de 20 pessoas □ 20-100 pessoas □ 100-500 pessoas □ 500-1000 pessoas □ mais de 1000 pessoas</td></tr>
<tr><td>Há quanto tempo a sua empresa está estabelecida
□ menos de 1 ano □ 2-3 anos □ 4-5 anos □ 6-7 anos □ 8 anos
Os membros da equipa empreendedora estão amplamente distribuídos em termos de idade:
□ muito inconformidade □ inconformidade □ geral □ relativamente conforme □ muito conforme
Os membros da equipa empreendedora diferem muito em termos de formação académica:
□ muito inconformidade □ inconformidade □ geral □ relativamente conforme □ muito conforme</td></tr>
<tr><td>Escala de heterogeneidade de valores
X1. Os membros da equipa têm valores ou atitudes muito semelhantes no trabalho X2. Os membros da equipa têm a mesma compreensão dos objectivos da tarefa X3. Os membros da equipa estão de acordo sobre "o que é importante para a equipa"
X4. Os membros da equipa chegam a um consenso sobre aquilo a que a equipa dá mais importância</td></tr>
</table>

Escala de retalhos empresariais M11. Mesmo que a empresa tenha recursos e competências limitados, a empresa fará uma utilização equitativa de recursos como mão de obra, matérias-primas e competências M12. A tecnologia, a mão de obra, as matérias-primas e outros recursos das empresas são, na sua maioria, o resultado do seu próprio desenvolvimento e aquisição M13. A empresa fornece orientação suficiente para encorajar os empregados a utilizar os vários recursos disponíveis para realizar o seu trabalho, construir uma relação informal com os clientes e encorajar os clientes a participar no trabalho diário da empresa
M22. As empresas ajudam os clientes a resolver problemas que outras empresas não estão dispostas a resolver ou não resolveram M23. As empresas prestam serviços a clientes que os concorrentes consideram pouco atractivos M31. As empresas adoptam normas e sistemas únicos em vez das normas e sistemas tradicionais de outras empresas M32. Se for possível obter melhores resultados, as empresas estão dispostas a abandonar as normas tradicionais do sector M33. As empresas adoptam formas pouco ortodoxas de criar sistemas e normas nas suas operações
Escala de segurança psicológica da equipa W1. Os erros que cometemos nesta equipa são muitas vezes maus para nós W2. Os membros da equipa foram autorizados a fazer perguntas difíceis W3. Por vezes, as pessoas desta equipa rejeitam os outros porque não estão de acordo W4. É seguro correr riscos nesta equipa W5. É difícil pedir ajuda aos outros nesta equipa W6. Ninguém nesta equipa irá deliberadamente prejudicar os resultados dos meus esforços W7. Ao trabalhar com os membros da equipa, a minha inteligência pessoal é valorizada e exibida.
Escala de desempenho de inovação das empresas em fase de arranque Y1. Número de novas tecnologias e produtos da empresa Y2. Receitas de vendas dos novos produtos da empresa Y3. Taxa de produção dos novos produtos da empresa

3.5 Amostra

Devido ao atual cenário de pandemia, este estudo apenas realizará excursões no terreno a alguns parques empresariais em Gansu, onde se situa a escola, e em Henan, de onde é oriundo o investigador. Também envia questionários em linha a potenciais empresas. A família e os amigos consideram que este método não tem limites regionais e pode dar a oportunidade de aprender mais sobre empresas em diferentes regiões e locais. Permitir que os membros da equipa empresarial apresentem uma descrição honesta e completa da situação geral da empresa como dados de investigação para este artigo, da mesma forma que cada empresa em fase de arranque envia um questionário. As perguntas do inquérito foram recolhidas junto de 300 empresas em fase de arranque através do preenchimento no terreno e em linha, e os resultados foram publicados em junho. Para além da incapacidade de responder atempadamente e dos desafios com o questionário, foram recuperados 212 questionários autênticos, o que corresponde a uma taxa de recuperação de 70%.

3.6 Fiabilidade e validade

Nesta aplicação, a fiabilidade refere-se ao grau de estabilidade e de fiabilidade dos resultados da medição. O grau em que uma medida ou escala pode medir com exatidão a caraterística que pretende definir é designado por validade. Quando a mesma técnica é utilizada para investigar o mesmo item, a estabilidade e a consistência dos resultados do inquérito por questionário são designadas por fiabilidade. Por outras palavras, a fiabilidade diz respeito ao facto de o equipamento de medição (questionário ou escala) poder medir de forma consistente os itens ou variáveis que estão a ser avaliados. A técnica mais frequente para transmitir indicadores de fiabilidade é a utilização de coeficientes de correlação. Existem três tipos de técnicas de avaliação: coeficiente de estabilidade (consistência ao longo do tempo), coeficiente de equivalência (consistência entre formulários) e coeficiente de consistência interna (consistência dentro de um único formulário ou família de formulários) (consistência entre projectos).Validade e eficácia são sinónimos. A precisão é uma medida do grau de exatidão dos equipamentos ou métodos de medição relativamente aos itens que devem ser medidos. Existem três tipos de validade: validade de conteúdo, validade de critérios e validade estrutural. O tipo de validade mais comum é a validade de conteúdo. Existem várias abordagens para efetuar uma análise de validade, e os resultados das medições representam vários aspectos da validade.

3.7 Dados análise

Este estudo utiliza o software estatístico SPSS para verificar o quadro teórico e as hipóteses de investigação apresentadas neste documento, principalmente através de análise estatística descritiva, análise de correlação e regressão, análise de fiabilidade e validade e outros métodos de análise estatística, para garantir a validade científica dos resultados da investigação.

CAPÍTULO 4
INVESTIGAÇÃO RESULTADOS

4.1 Introdução

Este capítulo apresenta uma visão geral do documento, abrangendo os tópicos de medição da fiabilidade e da validade, análise de dados e teste de hipóteses.

4.2 Fiabilidade e validade teste

O coeficiente alfa de Cronbach (assinalado pelo símbolo) foi utilizado para medir a fiabilidade para efeitos do presente estudo. Para além disso, a heterogeneidade de valores tem um valor alfa de 0,866, o patching empresarial tem um valor alfa de 0,868, o patching de investimento tem um valor alfa de 0,865, o patching de clientes tem um valor alfa de 0,873, o patching institucional tem um valor alfa de 0,905 e as novas empresas têm um valor alfa de 0,905. Para o questionário completo, os valores alfa para o desempenho são 0,928 e 0,945, respetivamente, enquanto os valores alfa para a segurança psicológica da equipa são 0,945 e 0,838, respetivamente. A magnitude de todos os coeficientes é superior a 0,7. Consequentemente, a fiabilidade da escala neste estudo é grande e os estudos de acompanhamento dos resultados são viáveis. Este estudo examina a validade sob quatro perspectivas: conteúdo, estrutura, agregação e discriminação (ou discriminativa). Para começar, este trabalho solicita a opinião de estudiosos da área durante o processo de designação da escala e das escalas maduras já produzidas, e prioriza a análise das escalas que já foram pesquisadas empiricamente por estudiosos posteriores, economizando uma quantidade significativa de tempo e esforço na construção das escalas de artigos. Os itens da escala neste estudo foram aumentados até certo ponto com ligações essenciais e depois alterados várias vezes para garantir que eram aceitáveis e eficazes, resultando numa boa validade de conteúdo.

Em segundo lugar, utilizando a análise fatorial, este estudo provou a validade estrutural das dimensões, com valores de KMO superiores a 0,8 para a heterogeneidade de valores, o patchwork empresarial, a segurança psicológica da equipa e o desempenho da inovação das novas empresas. Este estudo efectuou uma análise fatorial em cada escala - heterogeneidade de valores, segurança psicológica da equipa e desempenho inovador de novos empreendimentos - utilizando a análise de componentes principais e a análise de componentes rotacionais e descobriu que todas as escalas eram significativamente diferentes. A interpretação da variância cumulativa da heterogeneidade é verdadeira em 76,28% dos casos, e a variância cumulativa da segurança psicológica numa equipa também é correta. Além disso, a variância cumulativa do desempenho da inovação em novas empresas está correta, tal como a variância cumulativa do patchwork empresarial. Para além disso, a validade estrutural do modelo é avaliada com base na magnitude do coeficiente de carga no gráfico do coeficiente de ajustamento produzido pelo AMOS24.0, bem como se o índice de ajustamento se encontra dentro de um intervalo aceitável de valores. Quando se calcula o coeficiente de carga, este é superior a

0,7 para cada dimensão e para o item pretendido. São utilizados materiais de alta qualidade para efetuar as medidas da tabela. Quando as seis variáveis são fundidas, os coeficientes de ajustamento total são consistentes com as normas de referência dos indicadores estatísticos, nomeadamente a heterogeneidade de valores, a segurança psicológica da equipa, a manta de retalhos do investimento, a manta de retalhos do cliente, a manta de retalhos do sistema e o desempenho inovador das novas empresas. A validade de construção da escala utilizada nesta investigação foi verificada. Além disso, ao realizar a análise fatorial confirmatória sobre a heterogeneidade de valores, o patchwork de investimento, o patchwork de clientes, o patchwork de sistemas, a segurança psicológica da equipa e o desempenho de inovação das novas empresas, os coeficientes de caminho de cada variável na carga fatorial são superiores a 0,7, indicando que o AMOS24.0 é uma ferramenta adequada para este tipo de análise. Os valores AVE são todos superiores a 0,6 e a fiabilidade total é superior a 0,8, o que indica que a escala utilizada no estudo tem uma forte validade convergente e uma boa validade discriminante.

O AMOS24.0 pode ser utilizado para avaliar a validade discriminante de cada variável durante a construção do modelo fornecido, que constitui a quarta fase. Após a triagem de todos os dados necessários, a validade discriminante desta escala torna-se clara. A raiz quadrada da AVE é maior do que o coeficiente de correlação de cada variável ligada, que é encontrado após a triagem de todos os dados relevantes.

4.3 Análise de dados

4.3.1 Impacto na heterogeneidade do valor do desempenho inovador das empresas em fase de arranque

O presente estudo apresenta os resultados dos testes de influência direta da regressão do processo, tal como indicado no Quadro 1. Quanto maior for a disparidade dos valores da equipa empreendedora, maior será o impacto negativo no desempenho da start-up em termos de inovação. A primeira hipótese da investigação, H1, é viável.

Quadro 1: análise de regressão da heterogeneidade do valor da equipa empreendedora no desempenho inovador das empresas em fase de arranque

Modelo		β	t
variável dependente	Desempenho inovador das empresas em fase de arranque		
variável de controlo	Número de empregados	0.276	1.251
	Anos de empresa	-0.754	-0.783
	Heterogeneidade etária	0.186	1.466
	Heterogeneidade educativa	0.121	0.927
Setor de atividade da empresa	Fabrico	-0.192	-0.540
	Serviço vitalício	0.229	0.561
	Comércio por grosso / retalho / comércio	-0.120	-0.236
	Educação e formação	0.331	0.689
	Transporte / armazenamento / Logística	-0.284	-0.713
	Energia / proteção do ambiente / minerais	0.183	0.384
	Cultura / Desporto / Entretenimento	-0.144	-0.293
	serviços profissionais	-0.296	-0.601
	Agricultura, silvicultura, criação de animais e pesca	-0.459	-0.784
variável independente	Heterogeneidade de valores	-0.901	-7.811***
	R	0.555	
	R2	0.307	
	F	5.995***	

Nota: * p<0,05, ** p<0,01, *** p<0,001

4.3.2 Impacto da heterogeneidade de valores no patchwork empresarial

A variável independente heterogeneidade de valor da regressão de processos é utilizada neste estudo para demonstrar o teste do patchwork empresarial de variáveis intermédias utilizando a variável independente heterogeneidade de valor da regressão de processos. A hipótese deste estudo é sustentável porque, como mostra o Quadro 2, o aumento da heterogeneidade de valor tem um maior impacto negativo no comportamento de patchwork empresarial da equipa, pelo que a hipótese deste estudo é válida.

Quadro 2 Análise de regressão da heterogeneidade dos valores da equipa empreendedora no patchwork empresarial

Modelo		β	t
variável dependente	Manta de retalhos empresarial		
variável de controlo	Número de empregados	0.086	0.911
	Anos de empresa	0.019	0.141
	Heterogeneidade etária	-0.071	-1.307
	Heterogeneidade educativa	0.048	0.820
Indústria do empresa	Fabrico	0.294	1.706
	Serviço vitalício	0.120	0.711
	Comércio por grosso / retalho / comércio	0.409	2.087*
	Educação e formação	0.207	1.064
	Transporte / armazenamento / Logística	0.190	1.181
	Energia / proteção do ambiente / minerais	0.130	0.668
	Cultura / Desporto / Entretenimento	0.163	0.824
	serviços profissionais	0.101	0.488
	Agricultura, silvicultura, criação de animais e pesca	0.030	0.098
variável independente	Heterogeneidade de valores	-0.646	-14.100 ***.

	R	0.728
	R2	0.526
	F	15.067***

Nota: * p<0,05, ** p<0,01, *** p<0,001

Os resultados da regressão dos valores do "patchwork" de entrada, do "patchwork" do cliente e do "patchwork" do sistema são apresentados no Quadro 3 como consequência da regressão do processo com o "patchwork" de entrada, o "patchwork" do cliente e o "patchwork" do sistema como variáveis intermédias. A Tabela 3 resume os resultados da regressão dos valores no patchwork do sistema. Quanto maior for a diversidade de valores, maior será a influência negativa no comportamento do patchwork de entrada e, como resultado desta ligação, a hipótese H2a deste estudo é sustentável. A hipótese H2b deste estudo é plausível porque há um impacto negativo mais forte no patchwork do cliente quando há maior variabilidade na distribuição de valores. Parece razoável que quanto maior for a diversidade de valores, maior será o impacto no patchwork institucional, e que a hipótese H2c deste estudo é válida.

Quadro 3Análise de regressão da heterogeneidade do valor da equipa empreendedora em várias dimensões do patchwork empresarial

Modelo		β	t	β	t	β	t
variável dependente		Juntar		Cliente patchwork		Sistema patchwork	
variável de controlo	Número de empregados	0.019	0.098	0.131	0.944	0.105	0.702
	-				-		
Anos de empresa	0.08	-0.713	0.190	1.526	0.08		-0.630
	1				7		
	-				-		
Heterogeneidade etária	0.08	-1.246	0.020	0.154	0.12		-1.520
	8				8		
Heterogeneidade educativa	- 0.050	0.649	0.034	0.344	0.060		0.658
Fabrico	0.040	-0.147	0.325	1.225	0.278		2.079*

Serviço vitalício	0.360	1.683	-0.073	-0.269	0.054		0.184
Comércio/detalhe grossista comércio	0.317	1.216	0.172	0.555	0.739		2.320
Educação e formação	0.168	0.651	0.187	0.623	0.264		0.841
Transporte / armazenamento / Logística	0.196	0.918	0.410	1.683	- 0.053		-0.181
Energia / ambiente proteção / minerais	0.094	0.358	0.171	0.579	0.125		0.394
Cultura/desporto/ Entretenimento	0.110	0.413	0.217	0.721	0.161		0.501
serviços profissionais	0.108	0.398	-0.046	-0.132	0.222		0.688
Agricultura, silvicultura, criação de animais e pesca	0.054	0.156	0.099	0.263	- 0.082		-0.204
variável independente	Heterogeneidade de valores	-0.643	-10.575***	-0.570	-8.021	-0.726	-9.677***
	R	0.634		0.534		0.605	
	R2	0.399		0.285		0.364	
	F	8.998***		5.370***		7.764***	

Nota: * p<0,05, ** p<0,01, *** p<0,001

4.3.3 Investigação sobre o efeito do patchwork empresarial no desempenho inovador das empresas em fase de arranque

Os resultados do teste dos factores intermédios nas variáveis dependentes são apresentados no Quadro 4. Quanto mais comportamentos de patchwork empresarial forem observados, mais elevado é o desempenho inovador das empresas em fase de arranque percebido pelo público. Quanto maior for a quantidade de patchwork de entrada, mais benéfico é para o desempenho inovador das empresas em fase de arranque; quanto maior for a quantidade de comportamento de patchwork exibido pelos clientes, mais benéfico é para o desempenho inovador das empresas em fase de arranque; e quanto maior for a quantidade de patchwork institucional, mais benéfico é para o desempenho inovador das empresas em fase de arranque.

Quadro 4 Análise de regressão do Patchwork empresarial e de cada componente no desempenho da inovação das empresas em fase de arranque

		β	t	β	t	β	t	β	t
variável dependente	Inovação desempenho das empresas em fase de arranque								
variável de controlo	Número de empregados	0.187	0.920	0.295	1.301	0.216	0.955	0.222	0.036
	Anos de empresa	-0.162	-0.880	-0.083	-0.379	-0.267	-1.306	-0.080	-0.385
	Idade heterogeneidade	0.271	2.400	0.278	2.166	0.216	1.682	0.305	0.524
	Educação heterogeneidade	0.069	0.557	0.078	0.562	0.089	0.654	0.071	0.541
Indústria de a empresa	Fabrico	-0.575	-1.487	0.289	-0.652	-0.565	-1.297	-0.733	-1.776
	Serviço vitalício	0.096	0.250	-0.034	-0.070	0.300	0.723	0.211	0.532
	Venda por grosso/ retalho / comércio	-0.632	-1.418	-0.412	-0.813	-0.308	-0.611	-0.715	-1.543
	Educação e formação	0.046	0.095	-0.046	0.086	0.009	0.009	-0.019	-0.031
	Transporte /armazenamento/ Logística	-0.521	-1.455	0.472	-1.160	-0.633	-1.568	-0.288	-0.748
	Ene								

	rgia/								
	ambiental proteção/	-0.032	-0.063	-0.092	-0.184	-0.179	-0.370	-0.082	-0.172
	minerais								
	Cultura / desporto / Entretenimento	-0.355	-0.812	-0.303	-0.610	-0.393	-0.800	-0.329	-0.706
	profissional serviços	-0.418	-0.941	-0.403	-0.799	-0.307	-0.611	-0.488	-1.032
	Agricultura,								
	silvicultura, animais pecuária e	-0.522	-0.985	-0.649	-1.080	-0.707	-1.190	-0.529	-0.936
	pesca								
independente variável	Empreendedorismo patchwork	1.255	10.830***						
	Juntar			0.767	6.799***				
	Cliente patchwork					0.743	7.131***		
	Sistema patchwork							0.787	8.904***
	R	0.660		0.515		0.528		0.596	
	R2	0.433		0.265		0.279		0.354	
	F	10.368***		4.846***		5.206***		7.415***	

Nota: * p<0,05, ** p<0,01, *** p<0,001

4.3.4 Papel intermediário do patchwork empresarial

Se as conclusões acima mencionadas forem validadas, este estudo indica a função da regressão de processo como intermediário. Como se pode ver no Quadro 5, a heterogeneidade de valor e o patchwork empresarial tornam-se menos significativos com o tempo, mas o patchwork empresarial torna-se mais eficaz. Dada a importância do valor, o patchwork empresarial pode ser utilizado para exprimir a relação entre a heterogeneidade de valor e o desempenho inovador das empresas em fase de arranque. Os resultados deste inquérito corroboram a hipótese H4. Além disso, como mostra o Quadro 6, os limites superior e inferior do intervalo de confiança bootstrap a 95% para o efeito direto da heterogeneidade de valor no desempenho inovador das empresas em fase de arranque incluem ambos zero, indicando que a heterogeneidade de valor pode afetar o desempenho inovador das empresas em fase de arranque através do efeito intermediário completo do patchwork empresarial e do efeito intermediário parcial do patchwork empresarial.

Quadro 5 Resultados do impacto intermediário do "patchwork" empresarial

Modelo		β	t	β	t
variável dependente variável de controlo	Desempenho de inovação de empresas em fase de arranque				
Setor de atividade da empresa	Número de empregados	0.276	1.251	0.192	0.950
	Anos de empresa	-0.754	-0.753	-0.165	-0.895
	Heterogeneidade etária	0.286	1.466	0.254	2.230
	Heterogeneidade educativa	0.121	0.927	0.078	0.636
	Fabrico	-0.192	-0.440	-0.502	-1.287
	Serviço vitalício	0.229	0.561	0.108	0.284
	Comércio por grosso / retalho / comércio	-0.120	-0.236	-0.556	-1.239
	Educação e formação	0.331	0.689	0.115	0.256
	Transporte / armazenamento / Logística	-0.284	-0.713	-0.482	-1.342
	Energia/ambiente proteção / minerais	0.183	0.384	0.051	0.108
variável independente	Cultura/desporto/ Entretenimento	-0.144	-0.293	-0.312	-0.711
	serviços profissionais	-0.296	-0.601	-0.396	-0.892
	Agricultura, silvicultura, pecuária e	-0.459	-0.784	-0.482	-0.908

	pesca				
	Heterogeneidade de valores	-0.901	-7.811***	-0.205	-1.349
	Manta de retalhos empresarial			1.100	6.711
	R	0.555		0.664	
	R2	0.307		0.438	
	F	5.995***		9.837***	

Nota: * p<0,05, ** p<0,01, *** p<0,001

Quadro 6 - Repartição do efeito global, do efeito direto e do efeito intermédio (manta de retalhos empresarial)

	Efeito	BootSE	BootLLCI	BootULCI
Efeito total	-0.901	0.123	-1.126	-0.675
Efeito direto	-0.205	0.171	-0.519	0.134
Efeito indireto	-0.705	0.136	-0.971	-0.477

Depois disso, este documento utiliza a regressão de processos para investigar o papel de várias dimensões do patchwork empresarial na mediação da relação entre a heterogeneidade de valor e o desempenho inovador das start-ups. O Quadro 7 resume os resultados dos três estudos de regressão efectuados. Quando os resultados dos testes da heterogeneidade de valor e do efeito direto das empresas em fase de arranque são combinados com os resultados dos testes da heterogeneidade de valor sobre as variáveis intermédias e os resultados dos testes das variáveis intermédias sobre o desempenho inovador das empresas em fase de arranque, este estudo descobre que o patchwork de inputs desempenha um papel intermediário parcial entre os efeitos principais; o patchwork de clientes desempenha um papel intermediário parcial entre os efeitos principais; e o patchwork institucional desempenha um papel intermediário parcial entre os efeitos principais.

Quadro 7: análise da influência intermédia da manta de retalhos empresarial em vários domínios

	β	t	β	t	β	t
Desempenho inovador das empresas em fase de arranque						
Heterogeneidade de valores	-0.653	-4.596***	-0.646	-5.032***	-0.502	-3.808***
Juntar	0.400	2.944**				
Retalhos de clientes			0.464	4.074***		
Sistema de patchwork					0.565	5.425***
R	0.582		0.603		0.633	
R2	0.337		0.362		0.399	
F	6.386***		7.138***		8.355***	

Nota: * p<0,05, ** p<0,01, *** p<0,001

4.3.5 A segurança psicológica da equipa tem um impacto moderador.

Os resultados dos dados do efeito de mediação modificado com a segurança psicológica da equipa como variável reguladora e o patchwork empresarial como variável intermédia são apresentados neste estudo. A interação entre X e W tem uma influência considerável no patchwork empresarial, tal como demonstrado no Quadro 8. Um elevado sentimento de conforto psicológico no seio de uma equipa pode atenuar a influência prejudicial de variações demasiado grandes de valores no patchwork empresarial, confirmando a hipótese H5 deste estudo.

Quadro 8 O papel da segurança psicológica da equipa na mediação da relação entre a heterogeneidade de valores e o patchwork empresarial

	β	t
Manta de retalhos empresarial		
Heterogeneidade de valores	-0.481	-7.865***
Segurança psicológica da equipa	0.205	5.524***
Item interativo	0.162	3.284**
R	0.780	
R2	0.604	
F	17.917***	

Nota: * p<0,05, ** p<0,01, *** p<0,001

Como resultado, este artigo investiga o modelo de efeito mediador moderador utilizando a segurança psicológica da equipa como variável moderadora e os retalhos de entrada, os retalhos do cliente e os retalhos do sistema como factores mediadores. Além disso, este artigo investiga o papel da segurança psicológica da equipa na mediação da variedade de valores da equipa empresarial e das muitas caraterísticas do patchwork empresarial. Este relatório resume os resultados de três análises de dados, que são apresentados no Quadro 9, H5a, H5b e H5c e foram todos confirmados. Os efeitos moderadores da segurança psicológica da equipa nas dimensões da heterogeneidade de valores e do patchwork empresarial, medidos pelas medidas de Heterogeneidade de Valores e de Patchwork Empresarial, são apresentados no Quadro 9.

Quadro 9

	β	t	β	t	β	t
	Juntar		Retalhos de clientes		Sistema de patchwork	
Heterogeneidade de valores	-0.476	-5.533***	-0.400	-4.019***	-0.567	-5.422***
Equipa psicológica segurança	0.139	2.605*	0.226	3.766***	0.251	3.971***
Interativo item	0.174	2.514*	0.164	2.055*	0.148	1.745
R	0.661		0.586		0.648	
R2	0.434		0.342		0.417	
F	8.996***		6.103***		8.413***	

Nota: * p<0,05, ** p<0,01, *** p<0,001

4.3.6 Testar o efeito de mediação em conjugação com a regulamentação

Na primeira metade do teste do efeito mediador, tomar a média mais ou menos um desvio-padrão como agrupamento da segurança psicológica da equipa alta versus segurança psicológica da equipa baixa, e comparar os efeitos de ajustamento ao abrigo da estrutura de cada grupo como ponto de partida para analisar a heterogeneidade dos valores de ajustamento da segurança psicológica da equipa e afetar o desempenho da inovação das empresas em fase de arranque através do patchwork empresarial. As estatísticas são conclusivas, como mostra o Quadro 9, e a hipótese H6 é confirmada. O impacto do patchwork empresarial na mediação moderadora deve ser investigado mais aprofundadamente em todas as dimensões, e o patchwork de entrada, o patchwork de cliente e o patchwork de sistema devem ser todos incluídos no modelo para teste. O Quadro 10 resume as conclusões do estudo. A H6a foi validada, enquanto as H6b e H6c não foram validadas.

Quadro 10 efeitos indirectos sob a influência da segurança psicológica da equipa (patchwork empresarial)

Variável dependente:	Efeito indireto condicional				Intermediário regulamentado			
Empreendedorismo patchwork	Efeito indireto	BootSE	BootLL CI	BootULCI	Índice	BootSE	BootLL CI	BootUL CI
Baixo valor	-0.6992	-0.1234	-0.9507	-0.4772	0.1681	0.0588	0.0598	0.2832
mediana	-0.5157	-0.1240	-0.7875	-0.3072				
Valor elevado	-0.3322	-0.1537	-0.6737	-0.0744				

Quadro 11 efeitos indirectos sob a influência da segurança psicológica da equipa (dimensões do patchwork empresarial)

		Efeito indireto condicional				Intermediário regulamentado			
		Indireta efeito	BotaSE	BootLLIC	BootULIC	Índice	BootSE	BootLLIC	BootULCI
Juntar	Baixo valor	-0.2541	0.0932	-0.4339	-0.0784	0.0654	0.0349	0.0083	0.1404
	mediana	-0.1834	0.0781	-0.3504	-0.0515				
	Valor elevado	-0.1126	0.0796	-0.2961	-0.0065				
Patchwo do cliente rk	Baixo valor	-0.1563	0.0656	-0.3923	-0.1345	0.0716	0.0404	-0.0079	0.1527
	mediana	-0.1787	0.0710	-0.3383	-0.0669				
	Valor elevado	-0.1011	0.0979	-0.3250	-0.0539				
	Baixo valor	-0.3961	0.0800	-0.5563	-0.2458	0.0784	0.0452	-0.0092	0.1673

	mediana	-0.2111	0.0859	-0.4953	-0.1645				
Sistema remendo	Valor elevado	-0.2260	0.1145	-0.4745	-0.0301				

4.4 Hipótese tabela

Hipótese	Resultado
Hipótese H1: A heterogeneidade de valor está negativamente relacionada com o desempenho inovador das novas empresas	Aceitar
Hipótese H2: A heterogeneidade de valor está negativamente relacionada com o patchwork empresarial	Aceitar
Hipótese H2a: A heterogeneidade de valor está negativamente relacionada com o patchwork de factores de produção	Aceitar
Hipótese H2b: A heterogeneidade de valor está negativamente relacionada com o patchwork de clientes	Aceitar
Hipótese H2c: A heterogeneidade de valores está negativamente relacionada com o patchwork institucional	Aceitar
Hipótese H3: Existe uma relação positiva entre o patchwork empresarial e o desempenho inovador das novas empresas	Aceitar
Hipótese H3a: Existe uma relação positiva entre a fragmentação dos factores de produção e o desempenho inovador das novas empresas	Aceitar
Hipótese H3b: Existe uma relação positiva entre o patchwork de clientes e o desempenho inovador das novas empresas	Aceitar
Hipótese H3c: Existe uma relação positiva entre o patchwork institucional e o desempenho inovador das novas empresas	Aceitar
	Aceitar
Hipótese H4: O patchwork empresarial medeia a relação entre a heterogeneidade de valor e o desempenho inovador das novas empresas	Aceitar
Hipótese H4a: A fragmentação dos factores de produção medeia a relação entre a heterogeneidade de valor e o desempenho inovador das novas empresas	Aceitar

Hipótese H4b: O patchwork de clientes medeia a relação entre a heterogeneidade de valor e o desempenho inovador das empresas em fase de arranque	Aceitar
Hipótese H4c: O patchwork institucional medeia a relação entre a heterogeneidade de valor e o desempenho inovador das novas empresas	Aceitar
Hipótese H5: A segurança psicológica da equipa é a mediadora entre a heterogeneidade de valores e o patchwork empresarial	Aceitar
Hipótese H5a: A segurança psicológica da equipa é a mediadora entre a heterogeneidade de valores e o envolvimento em patchwork	Aceitar
Hipótese H5b: A segurança psicológica da equipa é mediadora entre a heterogeneidade de valor e o patchwork do cliente	Aceitar
Hipótese H5c: A segurança psicológica da equipa é mediadora entre a heterogeneidade de valores e o patchwork institucional	Aceitar
Hipótese H6: A segurança psicológica da equipa desempenha um papel moderador no efeito mediador da heterogeneidade dos valores da equipa empreendedora no desempenho inovador das novas empresas através do patchwork empresarial	Aceitar
Hipótese H6a: A segurança psicológica da equipa desempenha um papel moderador na efeito da heterogeneidade de valores da equipa empreendedora no desempenho inovador de novas empresas através do patchwork de inputs Hipótese H6b: A segurança psicológica da equipa desempenha um papel moderador na mediação efeito da heterogeneidade de valores da equipa empreendedora no desempenho inovador de novas empresas através do patchwork de clientes Hipótese H6c: A segurança psicológica da equipa desempenha um papel moderador na efeito da heterogeneidade de valores da equipa empreendedora no desempenho de inovação de novas empresas através do patchwork institucional	Rejeitar Rejeitar Rejeitar

CAPÍTULO 5
DISCUSSÃO DAS CONCLUSÕES DE

Em termos de inovação, a heterogeneidade de valor tem um impacto negativo no desempenho das empresas em fase de arranque. Os resultados da análise de correlação e do coeficiente de regressão entre a heterogeneidade de valor e o desempenho inovador das empresas em fase de arranque revelam que a heterogeneidade de valor tem um impacto negativo no desempenho inovador das empresas em fase de arranque, e o efeito primário deste estudo também foi validado. A presença de heterogeneidade de valor é prejudicial para o patchwork empresarial. Em primeiro lugar, foi estabelecida a ligação entre a heterogeneidade de valores e o patchwork empresarial, tendo-se provado que a heterogeneidade de valores tem um impacto negativo no comportamento dos empresários que juntam as suas empresas; em segundo lugar, está provado na verificação da ligação entre a heterogeneidade de valores e as três dimensões do patchwork empresarial que a heterogeneidade de valores tem um impacto prejudicial no comportamento das empresas de patchwork empresarial nas três dimensões; de acordo com três investigações, a adoção do patchwork empresarial melhora o desempenho da inovação inicial. A primeira conclusão deste estudo é que o patchwork empresarial tem um impacto positivo no desempenho da inovação inicial. Em segundo lugar, quando se estabelece a ligação entre os três aspectos do Patchwork empresarial e o desempenho inovador das empresas em fase de arranque, demonstra-se que o comportamento do patchwork empresarial tem uma influência positiva no desempenho inovador das empresas em fase de arranque (ver Figura 1). Com base na validação do estudo anterior, este artigo analisa a função do patchwork empresarial como um caminho intermediário na ligação entre a heterogeneidade de valores e o desempenho inovador das start-ups: A inclusão do patchwork empresarial na análise de regressão baseia-se no efeito principal, o que confirma que o patchwork empresarial serve como intermediário entre a heterogeneidade de valor e o desempenho de inovação das start-ups, ou que o patchwork empresarial pode funcionar como um hub entre os dois.Em segundo lugar, esta investigação explora o papel do patchwork empresarial como uma ponte entre a constância de valor e o desempenho das start-ups em termos de inovação. Além disso, o coeficiente de regressão da heterogeneidade de valores alterou-se consideravelmente, indicando que o patchwork empresarial funciona como uma ponte entre os dois. A estabilidade psicológica no seio de uma equipa funciona como um amortecedor entre um conjunto diversificado de valores e a manta de retalhos empresarial que existe.

A fim de validar a influência moderadora da segurança psicológica da equipa, são produzidas as seguintes conclusões ao examinar o coeficiente de interação entre a heterogeneidade de valores e a segurança psicológica da equipa: em primeiro lugar, foi estabelecido que, quando os factores reguladores são incluídos na avaliação do impacto da atividade de patchwork empresarial, o poder explicativo aumenta. Por conseguinte, o impacto regulamentar é investigado. A análise do impacto de várias dimensões do comportamento do patchwork empresarial confirmou que a adição de variáveis reguladoras pode levar a um nível mais elevado de explicação; assim, foi testado o papel regulador da segurança psicológica da equipa entre a heterogeneidade de valores e as dimensões do patchwork empresarial.

CAPÍTULO 6
CONCLUSÕES E RECOMENDAÇÕES

A equipa empresarial é responsável pelo funcionamento diário da empresa. Por conseguinte, ao reunir uma equipa empresarial, devemos prestar especial atenção às caraterísticas profundas do grupo. Quando os membros da equipa têm diferenças significativas de valores no que diz respeito aos objectivos estratégicos, aos objectivos das tarefas e às questões mais importantes da equipa, irão oscilar e contradizer a direção geral do objetivo da empresa, afectando a eficiência e a eficácia do trabalho de colaboração dos membros da equipa, entre outras coisas. Consequentemente, ao formar equipas empresariais, devemos fazer todos os esforços para recrutar indivíduos que tenham um conhecimento comum dos objectivos estratégicos, tarefas e outras preocupações críticas da equipa. Isto ajudará a empresa a cooperar para um único objetivo, trabalhando com recursos e capacidades limitados, permitindo-lhe alcançar a combinação ideal de factores de produção. A exploração da manta de retalhos de novos mercados utilizadores, bem como a combinação da manta de retalhos de novas regras e regulamentos, pode produzir um melhor resultado. Naturalmente, quanto menor for o impacto positivo da atividade de investigação e da heterogeneidade na melhoria do processo de valor global, menos favorável será a melhoria do processo de valor global quanto menor for o impacto positivo da atividade de investigação e da heterogeneidade na melhoria do processo de valor global, menor será o impacto positivo da atividade de investigação e da heterogeneidade na melhoria do processo de valor global. As restrições de recursos constituem um desafio importante tanto para as empresas em fase de arranque como para as já estabelecidas. O patchwork empresarial gera novas perspectivas e ideias, o que ajuda a resolver o dilema da limitação de recursos. As empresas podem não dispor dos recursos necessários para levar a cabo operações empresariais no caso de perspectivas de negócio fugazes, e o custo da obtenção de recursos pode ser excessivamente caro. Nestas circunstâncias, as empresas podem optar por reunir os recursos existentes. Este processo inclui o "investment patching", que consiste em acrescentar novos cenários e métodos de utilização aos recursos existentes, o "customer patching", que consiste em encontrar novos mercados, satisfazer as necessidades específicas dos clientes e fornecer novos produtos ou serviços, e o "system patching", que consiste em enfrentar corretamente o sistema atual e quebrar a convenção, a fim de estabelecer o seu próprio novo sistema e modo de transação para obter resultados de desempenho significativos. Este procedimento exige, evidentemente, a participação de toda a equipa. Quanto maior for a capacidade colectiva de patchwork empresarial dos membros da equipa, melhor será a eficiência do comportamento de patchwork empresarial, maior será o efeito e maior será a capacidade do comportamento de patchwork empresarial para impulsionar o desempenho inovador da organização. Embora a quantidade de inovação provocada pelo patchwork empresarial seja limitada e constitua uma pequena proporção do total das actividades de inovação, o valor da inovação do patchwork empresarial é indiscutível. As actividades de patchwork empresarial, através da integração dos membros da equipa, reduzem a dependência de recursos externos, traçam um novo caminho para as organizações ultrapassarem o estrangulamento do atual desempenho inovador e impulsionam o desenvolvimento da empresa a longo prazo.

A criação de um ambiente e de uma perceção de equipa positivos é fundamental para o crescimento das diversas operações da empresa. A organização deve criar e manter um ambiente psicologicamente seguro para o seu pessoal. As disparidades entre os membros da equipa em todos os aspectos levarão quase de certeza a algumas discussões entre eles e o resto da equipa. Se não forem tratadas adequadamente, têm a capacidade de minar o entusiasmo dos membros da equipa pelas actividades empresariais, bem como o seu sentido de afiliação ao sucesso da empresa. Provoca dificuldades de comunicação entre os membros e tem um impacto negativo no desenvolvimento futuro da empresa. Os membros de uma equipa heterogénea que se esforçam por criar uma atmosfera de segurança psicológica da equipa e um ambiente de comunicação adequado têm mais probabilidades de partilhar experiências e comunicar problemas entre si, de ter uma compreensão mais abrangente das tarefas actuais, dos objectivos e das emergências da equipa e de aliviar a cegueira e o caos do desenvolvimento causados por uma ou mais pessoas numa equipa heterogénea. De acordo com o Fórum Económico Mundial, o aumento do sentimento de envolvimento e identificação dos membros da equipa nas actividades empresariais é útil para o crescimento das actividades empresariais, bem como para o desenvolvimento do desempenho da empresa.

CAPÍTULO 7
REFLEXÕES SOBRE O DESENVOLVIMENTO DA MINHA COMPETÊNCIA PESSOAL

Na minha opinião, as equipas empresariais são os principais motores da atividade e do crescimento empresariais. Ao lançar um empreendimento empresarial, devemos concentrar-nos nas caraterísticas profundas da equipa. Quando os membros da equipa têm grandes disparidades de valores no que diz respeito aos objectivos estratégicos da equipa, aos objectivos das tarefas e às preocupações mais prementes, a equipa irá oscilar e contradizer a direção geral dos objectivos da organização e vice-versa. De acordo com a minha investigação, isso afecta a eficiência e a eficácia do trabalho de colaboração dos membros da equipa. Consequentemente, ao selecionar os membros da equipa empresarial, devemos fazer todos os esforços para selecionar indivíduos que partilhem um entendimento comum dos objectivos estratégicos, das tarefas e dos assuntos importantes da equipa, pois esta é a única forma de alcançar um melhor resultado, quer se trate da combinação de factores de produção, da combinação da exploração de novos mercados de utilizadores ou da combinação de novas regras e regulamentos. Embora este estudo não exclua o impacto positivo da heterogeneidade noutros aspectos do processo e dos resultados empresariais, conclui que quanto menor for a heterogeneidade de valores em valores idiossincráticos profundos, melhor será a tomada de decisões e a execução global da equipa, bem como melhor será a eficiência e o efeito do trabalho. Este facto corresponde a investigações anteriores. Com base nos seus próprios pontos de vista e experiências, as empresas podem alterar as suas estratégias e técnicas de aquisição de recursos. As limitações de recursos constituem um desafio importante tanto para as empresas em fase de arranque como para as já estabelecidas. O patchwork empresarial gera novas perspectivas e ideias, o que ajuda a resolver o dilema da limitação de recursos. Quando as oportunidades de negócio são efémeras, as organizações podem não dispor dos recursos necessários para as operações empresariais. Por outro lado, o custo de aquisição de recursos é proibitivamente caro. As empresas têm a opção de reunir os recursos existentes. Criar novos cenários de utilização e formas de aumentar os recursos existentes, reunir os consumidores para desenvolver novos mercados, satisfazer os pedidos específicos dos clientes, introduzir novos bens ou serviços e sistemas e abordar eficazmente o sistema atual fazem parte deste processo. Para obter grandes melhorias de desempenho para a organização, têm de abandonar o status quo e criar o seu próprio sistema e mecanismo de transação únicos. Naturalmente, considero que a participação da equipa é fundamental neste e noutros procedimentos. Quanto maior for a eficiência da conduta empreendedora de patchwork, maior será o efeito e melhor será o potencial da organização para gerar o seu próprio desempenho inventivo através do comportamento empreendedor de patchwork. Embora a quantidade de inovação gerada pelo patchwork empresarial seja limitada e constitua uma pequena proporção do total das actividades de inovação, o valor da inovação do patchwork empresarial é indiscutível. As actividades de patchwork empresarial, através da integração dos membros da equipa, reduzem a dependência de recursos externos, traçam um novo caminho para as organizações ultrapassarem o estrangulamento do atual desempenho inovador e impulsionam o desenvolvimento da empresa a longo prazo. Através da minha investigação contínua, apercebi-me de que uma cultura de equipa forte e uma perceção favorável da equipa são fundamentais para o sucesso das numerosas operações da empresa. A organização deve criar e manter um ambiente psicologicamente seguro para o seu pessoal. As disparidades entre os membros da equipa em todos os aspectos levarão quase de certeza a algumas discussões entre eles e o resto da equipa. Sem uma gestão adequada, a excitação dos membros da equipa pelas actividades empresariais será sufocada, o sentimento de identificação dos membros para com o desenvolvimento da empresa será sufocado, surgirão barreiras de comunicação entre os membros e haverá uma má influência no desenvolvimento subsequente da empresa. É propício para que os membros da equipa partilhem experiências e comuniquem problemas entre si, tenham uma compreensão mais abrangente dos objectivos da tarefa atual e das emergências da equipa, e aliviem a cegueira do desenvolvimento e o caos causado por um ou mais indivíduos numa equipa heterogénea em situações em que os membros da equipa se esforçam por criar uma atmosfera de segurança psicológica da equipa, e eu sou responsável pela criação de um ambiente de comunicação adequado. De acordo com o Fórum Económico Mundial, o aumento do sentimento de envolvimento e identificação dos membros da equipa nas actividades empresariais é útil para o crescimento das actividades empresariais, bem como para o desenvolvimento do desempenho da empresa. Além disso, uma vez que o ambiente empresarial atual é complicado e imprevisível, e porque a maioria dos membros da equipa empresarial tem uma vasta experiência de trabalho e um historial de sucesso comprovado, o facto de a decisão ser ou não tomada corretamente terá um impacto direto no sucesso ou fracasso da equipa empresarial. Por outro lado, mesmo um erro de decisão aparentemente insignificante pode fazer com que uma equipa empreendedora mergulhe em mares traiçoeiros. Considero que os trabalhadores ou outros indivíduos interessados no espírito empresarial de equipa devem ser incluídos na equipa empresarial tanto quanto possível. A equipa empreendedora deve ser composta por membros com um leque diversificado de competências e conhecimentos profissionais. De acordo com os resultados da minha análise de dados, a heterogeneidade das competências e funções da equipa empreendedora tem um impacto positivo estatisticamente significativo na comunicação da equipa e na tomada de decisões empresariais; ou seja, na perspetiva da teoria social cognitiva, a diversificação e a diferenciação dos antecedentes profissionais e da experiência profissional dos membros da equipa empreendedora contribuem para a comunicação da equipa e para a formulação de decisões empresariais. Para melhorar a eficácia da comunicação em geral, devemos prestar especial atenção à autorreflexão dos membros da equipa empresarial depois de terem interagido uns com os outros. Em termos de impacto regulador, tanto a reflexividade da tarefa como a reflexividade emocional são fortes, e a comunicação em equipa desempenha um papel mais importante do que se supunha anteriormente no apoio à tomada de decisões empresariais.

REFERÊNCIAS

AL-KHARUSI, H., MISKON, S. & BAHARI, M. 2021. Arquitectos empresariais e quadro de alinhamento das partes interessadas no desenvolvimento da arquitetura empresarial. Information Systems and E- Business Management, 19, 137-181.

ALZOUBI, Y. I. & GILL, A. Q. 2020. Uma investigação empírica do desenvolvimento ágil geograficamente distribuído: A arquitetura corporativa ágil é um facilitador de comunicação. Ieee Access, 8, 80269-80289.

CANAT,M.,CATALA, N.P., JOURKOVSKI, A., PETROV,S.,WELLME,M.,

LAGERSTROM, R. & IEEE. 2018. Arquitetura empresarial e desenvolvimento ágil Amigos ou inimigos? IEEE 22ª Conferência Internacional de Computação de Objetos Distribuídos para Empresas (EDOC), 16-19 de outubro de 2018 Estocolmo, SUÉCIA. 176-183.

CHEN, X. J. & METAWA, N. 2020. Sistema de informação de gestão financeira empresarial baseado na computação em nuvem em ambiente de big data. Journal of Intelligent & Fuzzy Systems, 39, 5223-5232.

CHERNOIVANOVA, H., KOZLOVA, I., KRYVOBOK, K.,MNEMASHKALO, K. &

YERMOLENKO, O. 2021. Gestão da Eficiência da Atividade das Empresas com Base nos Princípios do Desenvolvimento Inovador. Revista Internacional de Ciência da Computação e Segurança de Redes, 21, 328-334.

DA SILVA, V., LOURES, E. D. R., DE LIMA, E. P. & DA COSTA, S. E. G. 2018. Gestão de Energia na Indústria: Uma abordagem de engenharia empresarial. Arquivos brasileiros de biologia e tecnologia, 61.

DANILIN, V. I., ZHDANOV, D. A., PLESHCHYNSKI, A. S. & STAVCHIKOV, A. I. 2018. Modelagem Econômico-Matemática no Sistema de Gestão Empresarial. Ekonomika I Matematiceskie Metody-Economics and Mathematical Methods, 54, 122-131.

DIKINOV, A. K., CHERNYAVSKAYA, S. A., KARAEVA, F. E., ADAEVA, K. N. & LYANOVA, S. A. 2020. GARANTIR A SUSTENTABILIDADE DO DESENVOLVIMENTO ECONÓMICO DAS EMPRESAS RUSSAS NO CONTEXTO DOS PROCESSOS CÍCLICOS E DA GLOBALIZAÇÃO DA ECONOMIA. Ad Alta-Journal of Investigação Interdisciplinar, 10, 86-89.

DU, W. J., WANG, F. M. & LI, M. J. 2020. Effects of environmental regulation on capacity utilization: Evidence from energy enterprises in China. Indicadores Ecológicos, 113.

GOERZIG, D. & BAUERNHANSL, T. 2018. Arquitecturas empresariais para a transformação digital nas pequenas e médias empresas. 1th CIRP Conference on Intelligent Computation in Manufacturing Engineering (CIRP ICME), Jul 19-21 2017 Naples, ITALY. 540-545.

GONCALVES, D., FERREIRA, L. & CAMPOS, N. 2021. Arquitetura empresarial para empresa altamente flexível e ágil na indústria automóvel. Conferência Internacional de Sistemas de Informação Empresariais (CENTERIS) / Conferência Internacional de Gestão de Projectos (ProjMAN) / Conferência Internacional de Sistemas e Tecnologias de Informação em Saúde e Assistência Social (HCist), 21-23 outubro 2020 Vilamoura, PORTUGAL. 1077-1082.

GONZALEZ, L. O., SANTOMIL, P. D. & HERRERA, A. T. 2020. O efeito da gestão do risco empresarial no risco e no desempenho das empresas espanholas cotadas. Investigação Europeia sobre Gestão e Economia Empresarial, 26, 111-120.

GORKHALI, A. & DA XU, L. 2019. Arquitetura Empresarial, Sistemas de Informação Empresarial e Integração Empresarial: Uma Revisão Baseada na Perspetiva da Teoria dos Sistemas. Journal of Industrial Integration and Management-Innovation and Entrepreneurship, 4.

GOSWAMI, M. 2018. Uma estrutura de avaliação de risco analítico centrada na empresa para o desenvolvimento de novos produtos. Cogent Business & Management, 5.

GRONDYS, K., ANDRONICEANU, A. & DACKO-PIKIEWICZ, Z. 2020. Gestão da energia

no funcionamento das empresas à luz das disposições aplicáveis da diretiva relativa à eficiência energética (2012/27/UE). Energias, 13.

GUAN, W. 2019. Estudo empírico sobre responsabilidade social e gestão de ganhos reais de empresas centrais. 4ª Conferência Internacional sobre Ciências Sociais e Desenvolvimento Económico (ICSSED), 15-17 de março de 2019 AEIC Acad Exchange Informat Ctr, Wuhan, PEOPLES R CHINA. 301-305.

GUO, J. & WANG, D. 2019. Um estudo empírico sobre a tecnologia de inteligência artificial baseada em big data para auxiliar a decisão de gestão empresarial. Revista Internacional de Educação em Engenharia Elétrica.

HADAYA, P., LESHOB, A., MARCHILDON, P. & MATYAS-BALASSY, I. 2020. Critérios de avaliação do quadro de arquitetura empresarial: uma revisão da literatura e desenvolvimento de artefactos. Computação e Aplicações Orientadas para os Serviços, 14,

203-222.

HE, P., ZENG, L. X. & DAI, J. 2020. Gestão de empresas de energia na China sob a perspetiva do desenvolvimento verde. 2ª Conferência Internacional sobre Recursos Hídricos e Engenharia Ambiental (ICWREE), 11 de setembro de 2020 Rede Eletrónica.

HRYVKIVSKA, O., KOTVYTSKA, N., IVANOVA, N., PRYIMAK, N. & SALKOVA, I. 2021. Economic Security Formation of Enterprise Under the Conditions of Steady Development (Formação da segurança económica da empresa em condições de desenvolvimento estável). Jornal Europeu do Desenvolvimento Sustentável, 10, 561-570.

HUANACHIN-YANCCE, E., VEGA, R. C., MAURICIO, D. & IEEE. 2019. Modelo de Gestão de Conteúdo Empresarial de Serviços para Desenvolvimento de Teses de Carreira em Computação. IEEE 26th International Conference on Electronics, Electrical Engineering and Computing (INTERCON), 12-14 de agosto de 2019 Limassol, PERU.

ILLIASHENKO, O., RUDNICHENKO, Y., MOMOT, T. & HAVLOVSKA, N. 2020. O SISTEMA DE SEGURANÇA ECONÓMICA DA EMPRESA: A AVALIAÇÃO DO ESTADO UTILIZANDO TIPOS FUNCIONAIS DE GESTÃO. Revista Internacional de Investigação da Qualidade, 14, 183-200.

INDARTI, S. 2021. Os efeitos da educação e formação, supervisão da gestão no desenvolvimento da atitude empreendedora e crescimento da pequena e micro empresa. Revista Internacional de Análise Organizacional, 29, 16-34.

JI, S. K. 2018. Iluminação da Filosofia de Gestão Taoísta para a Gestão Empresarial Moderna. 3ª Conferência Internacional sobre Gestão Económica e Empresarial (FEBM), 20-22 de outubro de 2018 Hohhot, PEOPLES R CHINA. 456-458.

JONEK-KOWALSKA, I. 2019. Eficiência dos sistemas de Gestão de Riscos Empresariais (ERM). Análise comparativa no sector dos combustíveis e no sector da energia com base nas empresas da Europa Central cotadas na Bolsa de Valores de Varsóvia. Política de Recursos, 62, 405-415.

KARVONEN, T., SHARP, H. & BARROCA, L. 2018. Agilidade empresarial: Porque é que a transformação é tão difícil? 19th International Conference on Agile Software Development (XP), May 21- 25 2018 Univ Porto, Fac Engn, Porto, PORTUGAL. 131-145.

KASIANOVA, N., TARASOVA, E. & KRAVCHUK, N. 2019. DESENVOLVIMENTO DE EMPRESAS

GESTÃO ATRAVÉS DO CAOS GERIDO. Independent Journal of Management &

Production, 10, 1626-1644.

LEUNG, S., MO, P., LING, H., CHANDRA, Y. & HO, S. S. 2019. Reforçar a competitividade e a sustentabilidade das empresas sociais em Hong Kong: A three-dimensional analysis. China Journal of Accounting Research, 12, 157-176.

LI, W. 2019. Gestão e análise de custos empresariais com base no sistema de contabilidade enxuta. Conferência Internacional de Artes, Gestão, Educação e Inovação (ICAMEI), 12-14 de janeiro de 2019 Seul, COREIA DO SUL. 1224-1228.

LIAO, Z. Q., SHI, X. P. & YEE, M. H. 2021. Enterprise e-banking satisfaction and continuance in business operations. Journal of General Management, 46, 313-321.

LIN, P. & IEEE. 2019. Estratégia de Inovação em Gestão Econômica Empresarial baseada na Integração do Modelo Fuzzy de Critério de Mistura Multivariada. Conferência Internacional sobre Transporte Inteligente, Big Data e Cidade Inteligente (ICITBS), 12-13 de janeiro de 2019 Changsha, PEOPLES R CHINA. 425-429.

LUSNAKOVA, Z., JURICKOVA, Z., SAJBIDOROVA, M. & LENCESOVA, S. 2019. Desenvolvimento da criatividade dos funcionários nos processos inovadores da empresa. Anais Científicos de Economia e Negócios, 66, 85-100.

MA, W. R., JIN, M. Z., LIU, Y. F. & XU, X. B. 2019. Análise empírica do modelo de equações diferenciais fracionárias para a relação entre gestão empresarial e desempenho financeiro. Chaos Solitons & Fractals, 125, 17-23.

MUSTAPHA, W. N. W., AL MAMUN, A., MANSORI, S. & BALASUBRAMANIAM, S. 2020.

Effect of entrepreneurial competencies on microenterprises income and assets in Malaysia (Efeito das competências empresariais nos rendimentos e activos das microempresas na Malásia). Asia Pacific Journal of Innovation and Entrepreneurship, 14, 249-261.

NGUYEN, Q. T., LEE, M. Y. & HU, Y. C. 2019. Uma perspetiva orientada para o trabalhador na missão de criação de valor das empresas sociais. Social Enterprise Journal, 16, 1-17.

NIKITYUK, L. G., GRIGOROVA, L. E., TIMCHUC, O. G. & OGLOBLIN, V. A. 2018. INCENTIVO À ACTIVIDADE DE INOVAÇÃO DAS EMPRESAS INDUSTRIAIS. Conferência Internacional sobre Transformação de Paradigmas de Pesquisa em Ciências Sociais (RPTSS), 26-28 de abril de 2018 Irkutsk Natl Res Tech Univ, Irkutsk, RÚSSIA. 900-910.

NOVOSAD, V., KOCHEGAROVA, L. & KAMALOVA, A. 2018. Controlo da Eficiência das Empresas Industriais através da Definição e Avaliação dos Principais Processos de Negócio. 31ª Conferência da Associação Internacional de Gestão da Informação e Negócios, 25-26 de abril de 2018 Milão, ITÁLIA. 1103-1110.

OQLU,N. S. B. 2019. AS FORMAS DE GESTÃO EFICAZ DA ECONOMIA

ESTABILIDADE DAS EMPRESAS. 37ª Conferência Científica Internacional sobre Desenvolvimento Económico e Social - Problemas Socioeconómicos do Desenvolvimento Sustentável, 14 a 15 de fevereiro de 2019 Baku, AZERBAIJÃO. 547-551.

PERERVA, P., KOBIELIEVA, T., KUCHINSKYI, V., GARMASH, S. & DANKO, T. 2021.

Assegurando o Desenvolvimento Sustentável de uma Empresa Industrial com base no Princípio da Conformidade-Segurança. Estudos de Economia Aplicada, 39.

RAJIC, M. N., MAKSIMOVIC, R. M., MILOSAVLJEVIC, P. & PAVLOVIC, D. 2020. Aplicação do Sistema de Gestão de Energia para o Desenvolvimento Sustentável em Empresas da Indústria da Madeira. Sustentabilidade, 12.

SAVCHUK, V. & DZIUBA, T. 2020. POTENCIAL ECONÓMICO DAS EMPRESAS AGRÁRIAS COMO IMPORTANTE FACTOR DE DESENVOLVIMENTO. Agrolife Scientific

Journal, 9, 281-287.

SROKA, M. 2020. Serviços bancários electrónicos para micro e pequenas empresas na Polónia. 35ª Conferência da Associação Internacional de Informação e Gestão de Negócios (IBIMA), 01-02 de abril de 2020 Sevilha, ESPANHA. 8248-8254.

SU, Y. & YU, Y. Q. 2019. Efeitos da incorporação da rede de inovação tecnológica na capacidade de desenvolvimento sustentável de novas empresas de energia. Sustainability, 11.

TUNG, C. W. 2021. EFEITOS DA GESTÃO AMBIENTAL E DA QUALIDADE DO PRODUTO NO DESENVOLVIMENTO SUSTENTÁVEL. Jornal de Proteção Ambiental e Ecologia, 22, 173-181.

TUTAJ, J., RUTKOWSKA, M. & BARTOSZCZUK, P. 2021. Enterprise Business Architecture as a Tool for Sustainable Development in an Enterprise - case study. 25th KES International Conference on Knowledge-Based and Intelligent Information & Engineering Systems (KES), Sep 08-10 2021 Szczecin, POLAND. 5050-5057.

WANG, L. K., JIA, F., CHEN, L. J. & XU, Q. F. 2020. O efeito do desenvolvimento de produtos de bem social no valor de mercado: Evidências de empresas de fabricação de vacinas. Ieee Transactions on Engineering Management.

WANG, Q. P. 2020. Monitorização do sistema de gestão de recursos humanos da empresa com base no sistema incorporado e na plataforma de grandes dados 5G. Redes sem fios.

ZADA, M., CAO, Y. K. & ZADA, S. 2021. Effect of financial management practices on the development of small-to-medium size forest enterprises: insight from Pakistan. Geojournal, 86, 1073-1088.

ZHANG, Q. & ZHANG, Y. X. 2018. Flexibilidade empresarial em empresas inovadoras: Efeito Espacial e Factores de Influência. 25ª Conferência Internacional Anual sobre Ciência e Engenharia de Gestão, 17-20 de agosto de 2018 Frankfurt, ALEMANHA. 69-77.

ZHANG, Y. H., CHEN, S. L. & FAN, J. H. 2020. MODELO DE CRESCIMENTO EMPRESARIAL:

"POLUIÇÃO" OU "PROTECÇÃO DO AMBIENTE". Revista de Engenharia e Gestão Ambiental, 19, 1605-1613.

ZHAO, C., XUE, Y. & NIU, T. 2021. Índice de gestão de recursos humanos da empresa baseado em sistema fuzzy. Journal of Intelligent & Fuzzy Systems, 40, 3137-3146.

ZHU, L. F. & ZHU, X. Y. 2019. Política energética, ambiente de mercado e benefícios económicos das empresas: dados das empresas petroquímicas da China. Natural Hazards, 95, 113- 127.

MIX
Papier aus verantwortungsvollen Quellen
Paper from responsible sources
FSC® C105338

Printed by Books on Demand GmbH, Norderstedt / Germany